BIEN
DANS SA VIE

Comment se libérer
de ce qu'on n'est pas

Suzanne Harvey

BIEN
DANS SA VIE

Comment se libérer
de ce qu'on n'est pas

Les Éditions
LOGIQUES
Une compagnie de Quebecor Media

Catalogage avant publication de Bibliothèque et Archives nationales du Québec
et Bibliothèque et Archives Canada

Harvey, Suzanne

    Bien dans sa vie : comment se libérer de ce qu'on n'est pas
    Nouv. éd. rev. et augm.
    Publ. antérieurement sous le titre : La liberté intérieure. [Montréal] :
    Du Roseau, c1992.
    ISBN 978-2-89381-986-0
    1. Actualisation de soi. 2. Acceptation de soi. 3. Personnalité - Développement.
    4. Vie spirituelle. I. Titre. II. Titre: La liberté intérieure.

BF637.S4H37 2008   158.1   C2008-941108-0

Direction littéraire : MARTIN BÉLANGER
Correction d'épreuves : EMMANUEL DALMENESCHE
Couverture : MARIKE PARADIS
Grille graphique intérieure : MARIKE PARADIS
Mise en pages : HAMID AITTOUARES

Remerciements
Les Éditions Logiques reconnaissent l'aide financière du gouvernement du Canada par l'entremise
du Programme d'aide au développement de l'industrie de l'édition (PADIÉ) pour ses activités
d'édition. Gouvernement du Québec – Programme de crédit d'impôt pour l'édition de livres –
gestion SODEC.

Les Éditions Logiques
Groupe Librex inc.
Une compagnie de Quebecor Media
La Tourelle
1055, boul. René-Lévesque Est
Bureau 800
Montréal (Québec) H2L 4S5
Téléphone : 514 849-5259
Téléc. : 514 849-1388

Dépôt légal – Bibliothèque et Archives nationales du Québec et Bibliothèque
et Archives Canada, 2008

ISBN 978-2-89381-986-0

Distribution au Canada
Messageries ADP
2315, rue de la Province
Longueuil (Québec) J4G 1G4
Téléphone : 450 640-1234
Sans frais : 1 800 771-3022

Diffusion hors Canada
Interforum

*À ceux qui trouvent dans la connaissance d'eux-mêmes
la joie de vivre pleinement.*

Introduction

Nous ne sommes pas fait pour être malheureux. Paradoxalement, quoi qu'on en dise, notre bonheur est bien souvent ce que nous négligeons le plus. C'est sans grande promptitude que nous réglons nos problèmes. Nous les laissons s'accumuler. Nous entretenons des habitudes nocives pour notre santé, nos relations, habitudes qui nous tuent tranquillement et nous isolent des autres. Nous avons de la difficulté à aimer et à être aimé en retour, nous vivons notre vie en acceptant qu'elle ne soit pas notre plus grande source de bonheur. Et si tous ces symptômes étaient le signe que nous ne sommes pas bien dans notre vie ?

En tant que psychologue, j'ai remarqué un élément important chez beaucoup de personnes qui entreprennent une psychothérapie : leur souffrance est devenue leur unique identité. Beaucoup se sont désintéressés d'eux-mêmes parce qu'ils croient qu'ils comptent moins que tout ce qu'ils vivent.

Pourtant, la plupart des gens que je rencontre en psychothérapie admettent difficilement qu'ils sont malheureux. Malgré un arrêt de travail nécessaire, une dépression, des difficultés avec leur patron, leurs enfants ou leurs amis, en dépit de problèmes de santé ou de dépendances de toutes sortes, ils soutiennent qu'ils ne sont pas si malheureux que cela. Tant et aussi longtemps que la distinction n'est pas nette entre être heureux et ne pas l'être, la vie de ces gens risque de ne pas avoir plus de valeur à leurs yeux que celle qu'ils donnent à leur bonheur. Quand notre bonheur représente tout pour nous, notre vie vaut tout pour nous.

Car peu importe ce que nous faisons, c'est toujours notre vie que nous vivons. Jamais nous ne vivrons autre chose que notre vie. Notre seule prérogative consiste à la vivre ou pas. Ne pas être heureux, c'est ne pas la vivre. C'est vivre autre chose à la place de notre vie, une peine, une colère, une rancune, un échec, de la culpabilité, et en faire toute notre vie. La plus grande expérience que nous puissions vivre n'est pas un amour épanouissant, la famille, la réussite sociale ou professionnelle, ou que sais-je ; c'est notre vie. Et être bien dans sa vie, c'est être en relation avec soi-même.

Nous nous identifions si totalement à nos souffrances qu'elles deviennent ce que nous sommes, elles sont notre seule identité. Nous croyons vraiment que nous sommes nos pensées, nos sentiments, nos actes ou leurs conséquences. Constamment, depuis notre tendre enfance jusqu'à aujourd'hui, nous avons tellement intériorisé les perceptions, les attitudes, les réactions, les jugements d'autrui que nous ne savons même plus qui nous sommes vraiment. Mais n'oublions jamais que notre vrai « moi », notre réalité ultime, repose dans le fait que nous sommes infiniment plus que ce que nous percevons, intériorisons et expérimentons. Nous sommes plus qu'un homme, une femme, un enfant, un voisin, un travailleur, un parent, plus que ce que nous pensons, disons et faisons. Être constamment plus que ce que nous vivons, c'est cela notre identité la plus sûre et la moins limitatrice. C'est une individualité libre de nos expériences et de nos jugements que ce livre propose d'atteindre.

Notre lutte intérieure contre les perceptions d'autrui, nous la faisons subir, justement, aux autres, le plus souvent en préférant notre différence à la leur. Tant que nous exigeons des autres qu'ils nous ressemblent, qu'ils pensent comme nous et agissent comme nous, nous ne nous acceptons pas nous-même. Vouloir changer les autres, c'est le signe certain que nous nous rejetons nous-même et qu'à nos yeux nous avons fait quelque chose d'impardonnable. Nous exposer aux autres, avoir des témoins est alors pénible.

Notre individualité nous rend identifiable, jugeable, critiquable, condamnable, réprimandable, sinon redoutable ou estimable, admirable, respectable, remarquable et enviable par eux. Rien de nous n'est absolument imperceptible. Notre vie est dans tous nos gestes, notre physique, notre regard, nos paroles, nos attitudes, notre silence, nos choix, nos goûts, nos liens, nos réactions, nos sentiments, nos aspirations. Tout raconte quelque chose sur nous que n'importe quel témoin peut lire à sa manière.

Être bien dans sa vie, c'est être en relation avec soi. Voilà tout le propos de ce livre. Si vivre est un défi en soi, vivre sa vie de manière à ce qu'elle soit notre vraie source de bonheur est un défi plus grand encore, le plus beau défi qui soit.

PREMIÈRE PARTIE

Le défi de vivre

Le défi de vivre
sans rechercher le pouvoir

La recherche du pouvoir est devenue une de nos façons les plus courantes de vivre. Sans pouvoir, nous avons le sentiment de mener une vie insignifiante et ordinaire. Cette soif de pouvoir masque notre peur de vivre, notre peur de n'être ni extraordinaire ni exceptionnel. Le pouvoir nous investit de supériorité, et tous les comportements inspirés par ce genre de position sont des comportements de domination admis. Mais le fait de dominer les autres nous rend-il pour autant exceptionnel ?

Il est effectivement plus facile de contrôler les autres que de contrôler sa propre vie. Il est plus facile, par exemple, de contrôler son mari, sa femme et ses enfants qu'il ne l'est de contrôler sa vie. D'ailleurs, c'est parce que nous ne contrôlons pas notre vie que nous cherchons à dominer les autres ; nous retirons un sentiment de valeur, de puissance et de compétence en nous identifiant à l'influence que nous exerçons sur les autres. Il nous est toutefois impossible de contrôler à la fois les autres et notre vie.

Nous devons constamment trahir nos sentiments les plus profonds, nous convaincre de leur peu de valeur et empêcher que nos véritables désirs nous remuent si nous voulons contrôler les autres. Nous rendre indigne d'amour est une façon de nous livrer à notre solitude intérieure. Si nous faisons preuve d'authenticité, nous renonçons au pouvoir. Nous ne pouvons contrôler notre vie en nous inhibant, bien au contraire, car le contrôle de notre vie exige que nous vivions librement nos aspirations et nos rêves.

Si nous nous demandons comment vivre jour après jour, c'est entre autres parce que notre bonheur provient davantage de notre recherche du pouvoir que de notre vie. Mais aucun bonheur ne peut surgir de la domination, de la tyrannie ou de la violence, à part un bonheur déviant provenant de comportements contraires à la nature même du bonheur et qui, par conséquent, le dénaturent. Pour préférer voir les autres malheureux plutôt qu'heureux, il faut vraiment préférer le pouvoir à notre humanité. Et que penser du bonheur si seul le nôtre a de la valeur ?

Le respect de la vie intérieure d'autrui est la marque d'un rapport d'égalité plutôt que de pouvoir. Quand nous ne faisons pas attention à la vie intérieure d'un autre, c'est que nous n'admettons que notre propre liberté, notre intelligence et nos possibilités. Vivre, c'est être soi-même, c'est-à-dire souverain. Dès que nous faisons nôtres les besoins, les désirs et les sentiments des autres, nous ne sommes plus nous-même ; c'est leur vie que nous vivons. Pour que nous demeurions souverain dans notre vie, personne ne doit pouvoir exercer son autorité psychologique sur nous. Celui qui accepte d'être notre autorité psychologique y consent souvent parce qu'il ne pense qu'à ses propres désirs. Autrement, il refuserait. Ne pas chercher le pouvoir, c'est parfois avoir à le refuser. Si nous éprouvons de la difficulté à vivre, c'est que nous trouvons difficile de ne pas soumettre notre volonté à celle d'autrui. Il nous sera d'autant plus ardu d'être libre et indépendant en cherchant à étendre notre pouvoir sur les autres, car nous faisons ainsi dépendre notre souveraineté du renoncement des autres à la leur. Or, la recherche du pouvoir dans toute situation est la négation de la liberté de chacun. Celui qui ne juge pas les autres ni lui-même ne trouve pas de joie dans le pouvoir.

Il est probable que nous trouvions la vie difficile à vivre parce que, en fait, nous préférons le pouvoir à notre vie, le pouvoir à nous-même. Chaque fois que nous voulons changer les autres, nous affirmons préférer le pouvoir au bonheur. Chaque fois que nous suivons un modèle, nous affirmons préférer le pouvoir à la liberté. Ne cherchons pas le pouvoir, préférons notre force à n'importe quel pouvoir.

Si nous avions une vie intérieure, nous ne chercherions pas à être l'autorité psychologique d'autrui, parce que nous comprendrions que sa vie intérieure, comme la nôtre, n'est pas à l'image de sa vie extérieure, mais à l'image de sa dignité inaltérable. Ne cherchons pas le pouvoir, préférons notre vie intérieure à n'importe quel pouvoir.

Le défi de vivre sans modèle

La recherche du pouvoir nous conduit au refus de notre propre individualité, et la façon la plus courante d'y arriver consiste à vivre selon des modèles. Tout pouvoir procède d'un modèle. Même les modèles les plus simples et les plus reconnus impliquent une forme ou une autre d'autorité sur notre vie ; les modèles de femme, d'homme, de parent, de professionnel, de Dieu, de gourou sont tous des modèles de pouvoir. Seule notre individualité n'a pas de modèle ; elle est l'expression de notre liberté.

La plupart d'entre nous font l'expérience du modèle plutôt que du monde. Même notre personnalité est un modèle. Bon gré, mauvais gré, nous acceptons que le monde extérieur règne sur notre vie, mais refusons qu'il veuille également la gouverner de l'intérieur. Notre personnalité est l'intériorisation de la volonté des autres et notre combat contre ce pouvoir étranger au sein de nous, tandis que le trouble de personnalité est le prix à payer pour notre inefficacité. Il nous coûterait psychologiquement moins de nous libérer de la volonté des autres que de la combattre. Lorsque notre personnalité régit notre vie plutôt que notre liberté, nous expérimentons le monde comme s'il devait nous ressembler et imposons nos idées, nos sentiments et nos désirs aux autres pour finalement nous conduire en petit maître du monde, alors que tout ce que nous voulons, c'est être notre propre maître.

On nous a appris qu'il nous fallait une raison pour nous aimer et nous la trouvons dans notre différence, jusqu'à nous identifier complètement à elle, jusqu'à en faire notre seule identité. Notre humanité est alors assimilée à elle, et notre souveraineté, réduite à ce qui nous distingue des autres. Notre différence ausculte notre humanité qui n'en est plus qu'un aspect insignifiant, sinon oublié. Notre différence devient le principe ultime par lequel nous estimons la valeur des autres dans notre vie et la valeur de leur vie dans le monde.

Nous n'avons pas besoin de raison de nous aimer ; nous avons déjà toutes les raisons du monde de nous aimer. Notre humanité à tous n'amplifie pas une seule de nos différences ; elle les rend vaines. Nos différences nous font seulement paraître humainement inégaux. Pourtant, combien d'entre nous ne peuvent s'imaginer autrement que différents, trouvant dans leur différence une consolation au fait de ne plus éprouver de fierté à être simplement humain ? Nous attendons alors notre perfection humaine de nos distinctions personnelles, ce qui a pour effet de nous isoler et de nous aliéner des autres. Si nous ne transcendons pas notre différence, elle devient une fixation affective à nous-même. Notre humanité n'a pas de modèle et n'en est pas un : elle est ce que nous en faisons. C'est pourquoi notre humanité n'est pas narcissique ; c'est notre différence qui l'est. Notre humanité n'est blessée que par la cruauté et l'humiliation qu'on lui inflige de par le monde au nom de la vérité. Elle est irréductible : rien ne l'a jamais anéantie, dépassée ni transcendée. Notre histoire réelle ne tient donc pas à nos différences, mais à notre grande humanité. Vivre d'elle, c'est ne plus jamais avoir besoin d'un modèle plus grand.

Notre individualité ne résulte pas d'une lutte contre celle des autres ; elle correspond à la reconquête de notre propre vie laissée aux mains des autres, parents et société, aux mains de ceux qui ont besoin de modèles. Certains pensent qu'ils peuvent reconquérir leur vie par la guerre, les luttes de pouvoir, mais a-t-on déjà vu quelque forme de domination que ce soit faire évoluer la conscience humaine et contribuer à l'individualisation de l'espèce humaine ?

La seule façon de reconquérir notre vie, c'est en nous individualisant, en n'étant personne d'autre que nous-même. Celui qui s'individualise cesse de réclamer des autres qu'ils soient semblables à lui et ne les empêche pas d'être différents de lui. Il affirme plutôt qu'il ne saurait être comme les autres, qu'il ne saurait penser et ressentir de façon impersonnelle.

Notre vie intime exige un tel degré de présence à nous-même que plusieurs préfèrent s'abstenir et se fondre dans la masse sans chercher plus loin ce qu'ils deviennent. Ce n'est qu'en ayant le courage de vivre sans modèle que nous pouvons nous assurer de mener une vie vraiment personnelle.

C'est en nous identifiant à notre liberté intérieure que nous parvenons à vivre libre, sans modèle. Si nous ne nous identifions qu'à une chose, notre sexe, notre profession, notre nationalité, notre religion ou notre rôle social, nous vivons conformément à ce modèle et cela nous limite. Si nous nous identifions aux deux sexes, à toutes les professions, à toutes les nationalités ou à tous les rôles sociaux, nous n'avons plus de modèle. Tout modèle, même le plus élevé, est limitatif. Tout ce qui nous limite est un modèle. Le seul modèle qui soit infini est l'identification à l'Homme, à tous les hommes et à toutes choses, car alors nous sommes un avec eux. Et alors, le seul modèle pouvant nous indiquer comment vivre, c'est notre grande humanité. Chaque vie est une histoire d'amour avec l'Homme, une histoire d'amour imparfaite, et celui qui vit une histoire de haine aurait tout simplement besoin d'une vie plus longue. Notre différence n'a vraiment qu'une valeur sentimentale. Bien que nous recherchions l'humanité des autres, c'est en nous-même que nous la trouverons, non dans un modèle. Notre individualité n'est pas un éloge de notre différence, mais de l'Homme. Le seul modèle pouvant nous indiquer comment vivre quoi que ce soit, c'est notre liberté psychologique.

L'espèce humaine sera heureuse lorsque chacun de nous s'identifiera à l'Homme plutôt qu'à sa différence. Nous n'aurons plus alors qu'une seule volonté : l'aimer. Quand nous saurons que son intelligence repose sur la nôtre, que sa sensibilité dépend de la nôtre, que sa joie jaillit de la nôtre, que sa sagesse brille de la nôtre et que sa capacité d'aimer repose sur la nôtre, nous n'aurons plus besoin de modèle.

N'imitez pas le bonheur des autres. Votre joie, votre sérénité, votre liberté, votre amour et votre bonheur découlent de votre liberté intérieure. Quand vous avez besoin d'un guide, que ce guide soit vous-même. Imaginez-le et écoutez ses réponses.

Le défi de vivre
le moment présent

Nous vivons comme si le moment présent était sans importance. Notre vie ressemble à un investissement pour le futur. Le futur est une lointaine ligne d'arrivée qui transforme notre existence en une course. Et dans cette course, l'important n'est pas de vivre mais de devenir quelqu'un. Nous passons notre temps à vouloir devenir meilleur, plus intelligent, plus compétent, plus sérieux, plus tendre, plus fort... Nous oublions toutefois qu'à chaque moment de notre vie nous sommes déjà ce que nous voulons être. L'avenir n'est qu'une projection de ce que nous sommes déjà ; il ne fait que nous démontrer ce que nous sommes actuellement.

Puisqu'il se fonde sur notre refus du présent et sur la négation de nous-même, le futur ne peut être le reflet de notre vie et de ce que nous sommes. Le véritable reflet de notre vie, c'est le moment présent. Notre vie est à l'image du moment présent. Tout ce que nous faisons maintenant est le vrai miroir de notre vie... Que voyons-nous dans ce miroir ? Que voulons-nous y voir ?

Mais nous savons si peu vivre dans notre immédiateté. Nous remettons notre bonheur à plus tard et faisons dépendre notre existence de ce qui arrivera. À force d'attendre quelque chose qui n'arrivera que plus tard, nous devenons impatient et rêveur. Nous ne pensons qu'à ce qui pourrait nous rendre heureux. Le bonheur et notre vie ne nous appartiennent plus, ils appartiennent au futur. Nous en oublions ce qui nous rend heureux maintenant. L'avenir est notre raison de vivre.

Rien n'est pourtant plus important que notre vie, maintenant. Rien n'est au-dessus de notre vie, maintenant ; ni nos rêves, ni nos réalisations futures, ni le plus grand des bonheurs qui nous attend. Si nous vivons ainsi, notre vie sera complète. Nous serons toujours en présence de ce qui est le plus important, nous ne chercherons plus ni le bonheur ni le sens de notre existence ailleurs que là où nous nous trouverons. Pourquoi alors entretenir cette impression persistante de nous être trompé, ce sentiment de devoir être ailleurs ou en train de faire autre chose ?

Sachez que nous n'avons rien choisi qui ne soit sans importance car, peu importe ce que nous faisons, nous sommes en train de faire ce qu'il y a de plus important : vivre. Le choix le plus capital que nous puissions faire sera toujours celui de vivre maintenant.

Si nous aimions le moment présent comme s'il était notre unique réalité, nous pourrions accorder à notre vie toute son importance. Elle changerait à tout instant. Nous attribuons pourtant plus d'importance aux tâches que nous accomplissons et aux idées que nous prônons qu'à nous-même et à notre vie immédiate, parce que nous plaçons nos valeurs et nos croyances au-dessus de notre propre vie. Pourtant, aucune idée n'est plus grande que notre vie.

Par conséquent, le moment présent traduit la valeur que notre vie recèle à nos propres yeux. Il reflète notre amour pour ce que nous sommes, pour la vie. Si le moment présent est grandiose, c'est que nous le sommes ; s'il est serein, intelligent ou sensible, c'est que nous le sommes. Si, au contraire, le moment présent est ennuyant ou tendu, c'est que nous sommes ennuyant et tendu. S'il est morbide et gris, c'est que nous le sommes.

Si nous maîtrisons le moment présent, nous n'avons alors nul besoin de faire quoi que ce soit d'autre pour maîtriser notre vie. Pour y arriver, nous devons cependant accepter l'inéluctable : notre vie est entièrement le moment présent, nous n'avons d'autre vie que notre vie, maintenant.

Le défi de conserver la volonté de vivre heureux

Nombreux sont ceux qui vivent sans le bonheur de vivre. Lorsque nous avons perdu la volonté de vivre, nous ne voulons plus rien. Il est vital de vouloir des choses, de savoir ce que nous voulons retirer de telle situation et ce que nous espérons obtenir de telle personne. Celui qui vit involontairement ne sait pas ce qu'il veut, il interroge les autres sur ce qu'ils veulent de lui. Si nous ne savons pas ce que nous voulons, comment pouvons-nous être en relation avec une autre personne ? Notre volonté de vivre consiste à savoir ce que nous voulons et cela, c'est nous respecter et respecter les autres.

Lorsque notre volonté de vivre heureux est faible, nous introduisons dans notre vie des situations plus difficiles. Les circonstances nous prennent alors en charge, par défaut, et le rôle principal est attribué à quelqu'un d'autre qui porte l'entière responsabilité de notre bonheur. Puis la situation devient vite malheureuse parce qu'elle est infantilisante. Nous donnons à l'autre le pouvoir de nous récompenser et de nous punir, nous vivons pour mériter l'un et éviter l'autre, pour plaire et ne pas déplaire. Au lieu d'être vivant et vibrant, nous choisissons d'être seulement méritant. L'insécurité psychologique devient notre lot, et notre vie, un drame psychologique. Nous recherchons pathétiquement l'estime de nous-même à travers le regard qu'un autre porte sur nous. Nous recourons inconsciemment au drame pour nous aider à comprendre. Ce nest pas toujours un de nos défauts ni un aspect de notre vie qui est dramatisé, parfois c'est une qualité vécue avec exagération qui peut devenir dramatique pour notre vie et nos relations. Elle est vécue comme si elle était toute notre vie, tout ce que nous sommes et rien d'autre. Au lieu de considérer votre vie comme une fatalité, pensez que c'est votre volonté de bonheur qui n'est pas assez forte, non pas votre être, et fortifiez-la. Ne voyez dans l'adversité vécue par les autres que la conséquence de choix malheureux qui exigent infiniment plus de courage que n'en demande le bonheur de vivre. Pourquoi certains supportent-ils leur analphabétisme, leur pauvreté, leur prison, leur vagabondage, leur isolement social, leur mauvais mariage ou la violence de leur enfant sinon parce qu'ils ont perdu la volonté de vivre heureux et, du coup, le bonheur de vivre ?

Il nous arrive de nous accorder plus de mérite à bien performer qu'à être heureux, mais c'est parce que la performance est notre seule façon d'être moins malheureux Nous vivons pour des résultats : ils remplacent le bonheur. Nous devons strictement retrouver notre vie intérieure et l'actualiser. La volonté de vivre de chacun se résume plus à son bonheur de vivre qu'à toutes sortes d'efforts pour mieux vivre.

Nous nous contraignons, nous nous forçons à faire des choses qui ne sont pas agréables pour nous, nous nous créons des obligations et nous en faisons un mode d'existence. Faire passer sa vie en premier, c'est cesser de se contraindre. Lorsque nous sommes contraint de faire quelque chose, nous résistons. Notre mal de vivre concorde avec nos résistances. Nous résistons à nous-même, à tout ce que nous nous obligeons à faire ou à ne pas faire. Nous nous obligeons à être agréable, à comprendre les autres, à réussir, à aimer, à être capable de tout, à être amoureux, mais, du même souffle, nous y résistons. Ce n'est pas aux autres que nous résistons mais à notre vie intérieure.

Notre volonté de vivre est animée par notre vie intérieure, et « vivre pour avoir » n'est qu'un moyen de nous donner la force de vivre pour quelque chose. C'est tout autant nous forcer à vivre. Nous nous efforçons d'en avoir plus et d'en faire plus dans l'espoir d'être davantage heureux, mais en fait nous nous cherchons des raisons de vivre. Lorsqu'on n'éprouve pas le bonheur de vivre, tout demande un effort supplémentaire. La volonté de vivre, c'est alors de passer à travers la journée, la semaine et le mois...

Si la volonté de vivre de plusieurs ne se résume à rien de plus qu'à des efforts pour vivre, c'est que la vie est reliée à une peur profonde de la mort : ne pas résister à l'impermanence équivaut à ne pas résister à la vie. Quand nous avons une vie intérieure, nous savons que l'intemporel et le temporel se divisent le monde. Nous savons que nous vivons dans deux mondes distincts et que passer de l'un à l'autre est notre principale activité. Car il est impossible de vivre dans un seul de ces mondes : nous sommes le pilier des deux.

Lorsque nous luttons contre le bonheur de vivre, nous luttons contre le bonheur de vivre dans deux mondes et luttons contre nos deux vies. Nous luttons non seulement contre notre infinitude intérieure, mais aussi contre notre finitude extérieure, nos limites humaines, la plus grande de toutes étant certainement notre corps.

Au lieu de vivre pleinement, nous atténuons notre peur de vivre en nous contentant d'une existence réduite ; nous croyons qu'en faisant de notre vie quelque chose de futile il nous sera moins pénible de la perdre. Nous apprenons à mourir bien plus que nous n'apprenons à vivre ! La plupart se ressaisissent au dernier moment, mais parfois il est déjà trop tard pour eux.

Pour vivre, il faut vivre immédiatement, il faut vivre le moment présent. Plus nous avons de regrets, plus nous vivons au passé, en percevant le futur comme la suite du passé, non celle du présent. Nos regrets sont cette vie que nous n'avons eu ni le courage ni la force de vivre au bon moment : si la vie nous avait été plus juste, plus douce, plus généreuse... que de choses aurions-nous pu accomplir ! Celui qui transforme sa vie en regrets continue de ne pas vivre.

Or, celui qui est le maître de sa vie écoute son cœur et sa conscience, il se laisse guider par eux sans chercher à les faire taire. Il se laisse vivre plutôt qu'il ne se force à vivre. S'il est fatigué, il se retire, ne parlant que lorsqu'il en éprouve le besoin, n'étant en compagnie des autres que s'il en éprouve le besoin. Celui qui est le maître de sa vie ne s'oblige pas à faire toutes sortes de choses : il passe avant toute chose. Sa volonté de vivre ne provient pas de ses occupations ni de ses obligations, elle découle de sa vie intérieure. La femme et l'homme qui sont maîtres de leur vie le sont parce qu'ils ont une grande vie intérieure ; ils comprennent les difficultés inhérentes à l'un ou l'autre des deux sexes. La mère et le père qui sont maîtres de leur vie ont aussi une grande vie intérieure et ne négligent pas celle de leur enfant.

C'est bien plus une volonté de survivre qu'une volonté de vivre qui se dissimule derrière tant d'efforts déployés pour vivre. La volonté de survivre de plusieurs d'entre nous transparaît dans le peu d'intérêt que nous portons à notre vie, à nous-même et aux autres : tout ce qui compte, c'est passer à travers.

Il faut retrouver du bonheur à vivre toutes ces petites choses qui nous rendraient malheureux si nous en étions privé, car elles sont la source de notre volonté de vivre heureux. Celui qui n'a pas de bonheur à boire son café, à manger son sandwich, à marcher ou à voir la neige tomber a oublié ce qu'est le bonheur de vivre et le cherche sans le voir.

Le défi de vivre
sans soumettre sa vie
à des idées

Se soumettre à des idées, c'est soumettre toute sa vie à ces idées. Donner la priorité à des tâches et à des rôles, c'est asservir notre vie. Faire passer les autres avant nous-même, c'est refuser notre vie.

Nous soumettons notre réalité à des idées alors que celles-ci n'existent que pour nous éclairer, nous servir et nous diriger. Dès que nous avons une idée préconçue d'une personne ou d'une situation, nous en avons peur. Mais que craignons-nous sinon que le monde ne corresponde pas à l'idée que nous nous en faisons ? Nous sommes heureux ou non bien plus à cause de notre conception du bonheur qu'à cause du bonheur lui-même !

L'aspiration à la perfection contrôle la vie de plusieurs. Celui qui est l'esclave de cette idée passe sa vie à se juger et à se condamner, à juger et à condamner les autres. Celui qui est l'esclave de l'idée de pouvoir consacre sa vie à abaisser les autres. Celui qui se voue à l'idée de mort accumule ; il ne retire aucun plaisir de la vie immédiate et devient obsédé par la peur de perdre. Celui qui est esclave de l'idée de Dieu est passif ; il prie au lieu d'élever sa conscience et d'élargir son discernement. Celui qui est contrôlé par l'idée de l'amour le mendie et s'abaisse souvent afin de l'obtenir. Celui qui est dominé par l'idée du bonheur le cherche partout, il consomme ; les êtres et les choses ne sont pour lui que des moyens de gratification immédiate. Celui qui est soumis à une quelconque idée de lui-même cherche désespérément l'approbation ou l'admiration afin de cautionner ses partis pris.

Nos peurs sont donc intimement reliées aux idées que nous servons. Cessons d'avoir peur et de nous faire des idées sur ce qui doit être et comment cela doit être. Cessons d'imposer quoi que ce soit à la vie et à la réalité, car nos croyances et nos valeurs ne sont rien d'autre que des formes intimes d'esclavage.

Nul ne peut réduire sa vie à une idée sans en être diminué et malade. Le véritable respect de soi demande de vivre libre, sans se soumettre à des idées. Si les idées ont été conçues pour élever l'Homme, dès que l'une d'elles le contrôle, il en est diminué.

Vivez le moment présent comme étant votre seule et entière réalité, et aucune préconception de la vie, de l'amour et du bonheur ne pourra avoir d'emprise sur vous.

Nous devons désapprendre beaucoup de choses afin de pouvoir vivre notre vie immédiate, et l'identification est le plus sûr moyen d'y arriver. Grâce à l'identification, nous pouvons vivre de manière neuve à tout instant, sans retenir quoi que ce soit, sans nous accrocher. Par conséquent, en nous identifiant, non seulement nous apprenons toujours, mais nous désapprenons aussi. La notion d'identification, telle qu'elle est employée ici, n'a pas le sens que lui donne habituellement la psychologie ; elle n'est pas inconsciente et n'est pas non plus une forme d'imitation ou d'émulation. Elle est plutôt l'acte volontaire de percevoir et de ressentir la vie d'autrui comme étant la nôtre, le désir d'être nous-même *et* toute chose, le désir de faire un avec tout et tous. C'est regarder l'autre avec des yeux intemporels, en pouvant nous dire à nous-même : « Je suis toi et moi. » En s'identifiant à tout être humain et à toute chose, la conscience ne rencontre désormais plus d'obstacles, car l'obstacle et le soi forment une seule réalité : nous-même. S'identifier, c'est donc élargir sa conscience en faisant l'expérience sans limites de soi à travers toute chose et l'expérience de toute chose à travers soi. C'est se donner une espèce d'infinité parce qu'elle dépasse les limites de l'empathie.

Pourquoi une idée, même la plus merveilleuse, aurait-elle la suprématie sur nous ? Nous nous abaissons chaque fois que nous défendons une idée, un sentiment ou une valeur, car si nous sentons le besoin de défendre cette idée ou cette valeur, c'est qu'elle exerce sa suprématie sur nous. La seule chose que nous devrions défendre, c'est notre vie. D'ailleurs, si nous agissons avec certitude, nous n'aurons pas à défendre nos positions, car nous ne sentirons pas le besoin de nous justifier. Le plus souvent, c'est par manque de certitudes que nous nous justifions ou tout simplement parce que nous souhaitons avoir raison.

À défaut de développer notre vie intérieure, nous consacrons notre vie à la normalité et défendons les idées que nous estimons constitutives de cette normalité. Aucune idée ne menace pourtant notre vie intérieure, car celle-ci se situe véritablement au-dessus des mots et des concepts.

Par conséquent, plus nous sommes enclin à soumettre notre vie à des idées, même nobles et grandes, plus notre réalité est la normalité. La normalité est un concept, une idée. Notre individualité est virtuelle, elle n'est pas conceptuelle : elle se vit, elle ne se pense pas.

Cependant, sans notre vie intérieure, notre identité manquera toujours de réalité. Nous devrons toujours recourir à des concepts, à des mots et à des valeurs pour nous donner une réalité. Qu'espérons-nous voir de nous-même en nous regardant dans le miroir de la normalité, sinon un être ordinaire, médiocre et insignifiant, banalisé par les idées mêmes qu'il chérit ? Qui peut vraiment se reconnaître dans l'homme moyen, dépersonnalisé par les idées même les plus nobles ?

Bien que nous cherchions désespérément notre réalité dans les idées, si elles briment notre liberté et notre individualité, elles nous déréalisent. Les idées ne sont pas l'équivalent de notre vie intérieure, elles n'en sont que l'éclairage, souvent trop faible pour nous sortir de notre obscurité et de celle des autres. Sans vie intérieure, nous n'avons pas la liberté psychologique nécessaire pour mener une vie authentique et réellement personnelle. Lorsque nous nions l'importance de notre vie intérieure, au profit de nos croyances et de nos idéologies, nous nions l'importance de notre liberté psychologique. En résistant ainsi à notre propre intelligence, nous ne voudrons éprouver de sentiment ou nous réaliser qu'à certaines conditions dites acceptables. Mais comment pouvons-nous faire pleinement ces expériences si nous les faisons dépendre d'autre chose que de nous-même ? Sans liberté intérieure, comment pourrions-nous même reconnaître ce que nous vivons ? Nous n'avons de réalité propre qu'en étant libre. Vouloir vivre sans vie intérieure, c'est vouloir vivre sans se comprendre, sans se connaître. Notre vie extérieure reflète la compréhension la plus élevée à laquelle nous sommes parvenu.

Le défi de vivre
sans réduire sa vie
à des habitudes

Nos habitudes constituent bien souvent le principal obstacle à notre bonheur et, en un sens, vivre le moment présent, c'est choisir sagement le bonheur. Nos habitudes, nos schèmes de comportement et nos attitudes sont autant de façons de vivre bien ancrées. Cependant, si nous n'avons pas encore remplacé une mauvaise habitude par une meilleure, c'est que nous avons une raison. La principale est que nous ne réfléchissons pas.

Une mauvaise habitude est un comportement auquel nous ne réfléchissons plus. Nous avons cessé de nous demander s'il est bon pour nous de continuer de la sorte : nous le faisons sans nous questionner. Toutes les conduites auxquelles nous ne réfléchissons plus sont des habitudes, et peut-être de mauvais plis.

Lorsque nous réfléchissons, c'est d'ailleurs très souvent pour remettre en question une conduite. Nous nous demandons comment y mettre fin et comment la remplacer par une meilleure. Mais pour modifier une façon d'être, il faut du recul. Quand nous réfléchissons à nos habitudes, nous réfléchissons à notre bonheur...

et cette réflexion devrait précéder la recherche du bonheur.

Quand tous les jours sont pareils, que nous faisons sans cesse les mêmes gestes, fréquentons les mêmes lieux, répétons les mêmes rituels, l'invariance de notre vie se révèle un état de captivité. Sans changements, nos bonnes habitudes ne se distinguent plus des mauvaises, et les unes autant que les autres provoquent le même effet : elles nous ankylosent. Quand notre vie est remplie d'habitudes inébranlables, elle n'est plus une vie sur mesure, mais une vie trop petite. En l'absence de changement, même la vie la plus confortable et agréable se transforme en immobilité.

Le plus souvent, ce sont des autres que nous attendons le changement et, lorsqu'ils le produisent, nous n'en sommes pas aussi heureux que nous l'aurions espéré. Le changement que nous attendons toujours, c'est en réalité de nous-même que nous l'attendons. Notre mode de vie et nos habitudes mentales sont des dépendances ; bien qu'elles ne nous comblent pas, nous continuons à les répéter, ce qui est plus facile que de les changer.

Pourtant, le fait même de ne pas éprouver grand joie dans le statu quo nous indique assez clairement que nous sommes prêt pour un changement. L'absence de plaisir est le signal que nous tournons en rond, qu'il nous faut un changement. Notre liberté doit être notre règle de vie. Autrement, les mauvaises habitudes mentales que sont nos pensées erronées et négatives, sans parler de toutes nos autres accoutumances, nous la dérobent.

Nos habitudes sont si importantes qu'elles figent notre vie dans le quotidien, dans ses engrenages. Notre vie de tous les jours ne devrait pas être gaspillée à faire des tâches qui passent avant nous. Mais peu importe ce que nous faisons, c'est toujours notre vie que nous vivons, et ne pas s'appliquer à faire quelque chose, le faire sans joie, c'est toujours vivre sans s'appliquer et sans joie. Nous ne devrions pas dissocier notre vie de notre liberté à cause de notre vie quotidienne. Notre vie quotidienne peut rendre hommage à notre vie *et* à la vie.

Le défi de vivre
sans se disperser

Chaque jour est un voyage que nous poursuivons. Généralement, lorsque nous partons en voyage, nous connaissons notre destination. Cependant nous ignorons souvent où nous nous dirigeons dans la vie de tous les jours. Pour savoir vers quoi nous tendons chaque jour, il nous faut connaître notre but, sans quoi nous piétinerons et nous serons confus.

Une de nos difficultés de vivre provient du fait que nous ne poursuivons pas un but unique. Est-ce un but de ne pas être en retard au travail, de ne pas rater son autobus ou de ne laisser personne nous en imposer ? Un véritable but ne peut avoir de valeur que par rapport à notre vie intérieure. Ce voyage que nous poursuivons jour après jour n'est pas un voyage extérieur. Notre destination n'est pas extérieure. Nous nous affirmons à travers des activités et des devoirs, mais notre destination est intérieure. Celui qui connaît son but sait comment vivre chaque jour.

Vous ne pouvez pas tout choisir et aller simultanément dans toutes les directions. Le sens de votre vie découlera du but que vous vous donnez. Vous poursuivez un but et, en même temps, vous essayez d'en poursuivre plusieurs autres. Si vous poursuivez un premier but, plus grand et plus important que les autres, et un second tout aussi important, et un troisième qui vous tient à cœur, vous n'atteindrez pas votre but ultime, votre destination. Si votre vie n'a pas de sens ou perd son sens à tout moment, c'est peut-être que vous poursuivez plusieurs buts à la fois. N'ayez qu'un seul grand but et vous n'aurez qu'une seule volonté.

Si votre but est le bonheur, n'ayez que ce but à l'esprit chaque jour, dans tout ce que vous faites, partout où vous êtes, et vous atteindrez votre but. Si votre but est l'accomplissement de soi, ne visez que ce but chaque jour. Si votre but est la puissance, chaque jour, n'ayez que ce but en tête. Dans tous les cas, si vous voulez que votre vie ait du sens, vous ne devrez poursuivre qu'un but.

Comment pouvez-vous savoir si vous vivez selon votre but ultime ? Vous pouvez vous en rendre compte en estimant vos contraintes. Dans quelle mesure votre vie est-elle faite de contraintes ? Si vous supportez trop de contraintes, vous ne vivez pas en accord avec votre plus grand but. Si vous ne vivez pas comme il vous convient de vivre, vous serez anxieux, nerveux, irritable et frustré. Vous croirez que c'est la faute des autres, qu'ils vous empêchent de vivre, mais, en fait, c'est vous qui vous empêchez vous-même de vivre en accordant une importance égale à chacun de vos désirs. Mais ceux-ci ne peuvent pas tous être sur un pied d'égalité, car notre vie ne dépend pas pareillement de chacun d'eux. C'est de notre plus grand désir que dépendent notre bien-être, nos réalisations personnelles et notre santé mentale. Ce désir est si total qu'il les transcende tous. La meilleure façon de voir si nous tendons toujours vers ce plus grand désir consiste à examiner si ce que nous faisons maintenant est exécuté par contrainte, car la résistance n'est jamais un moyen qui nous rapproche du but. Celui qui vit contrarié vit coupé de son aspiration la plus élevée.

Pour savoir si vous vivez selon votre grand but, vous pouvez aussi évaluer votre capacité d'aimer les vôtres. Plus il vous est difficile de les aimer, moins il est probable que vous viviez comme vous le devriez.

Examinez à quel point vous écoutez votre cœur. Si vous l'écoutez peu, vous n'êtes certainement pas en train de vivre selon votre nature et vos capacités réelles.

Enfin, il y a une façon toute simple de savoir si vous vivez comme vous le devriez : observez votre santé. La détérioration de votre santé est bien souvent l'indicateur le plus dramatique du tort que vous vous faites à travers la vie que vous menez. Certaines contraintes que vous vous imposez sont manifestement dommageables à votre corps. Il vous faut les éliminer pour retrouver la santé et le courage de vivre, car même une grippe altère le courage de vivre.

En vivant sans contraintes, vous évoluerez davantage qu'en vivant dans la misère et la contrariété. Choisissez comment vous voulez évoluer : contenté ou contrarié ? Le contentement est le signe le plus certain que vous êtes complètement inspiré par votre but intérieur ultime et guidé essentiellement par lui.

Trop souvent, nous nous efforçons d'aimer ce qui nous rebute et nous tentons de ne pas aimer ce que, au fond, nous aimons véritablement. L'agitation et l'hyperactivité nous servent de drogues qui nous stimulent à faire ce que nous n'aimons pas. Nous en avons besoin parce que nous repoussons notre vie immédiate, qui consiste à placer le moment présent au-dessus de tout. Pour plusieurs, le moment présent est le vide, et plonger dans le silence fait naturellement peur. Le bruit les protège du silence comme s'il était un précipice. Pourtant, la seule vie que nous ayons se déroule maintenant. Tant que nous voudrons fuir cette réalité, nous aurons besoin de drogues pour nous assourdir.

Plusieurs pensent qu'avec de la discipline leur vie serait plus heureuse. Cependant, la vraie discipline ne consiste pas à nous astreindre à faire toutes sortes de choses que nous n'aimons pas. Au contraire, la véritable discipline consiste à nous adonner à ce que nous aimons.

Votre vie est tout ce que vous possédez pour comprendre, voir, aimer et toucher à chaque instant. Ce n'est pas avec vos yeux que vous voyez, ni avec vos mains que vous touchez, ni avec votre cœur que vous aimez ; c'est vraiment avec votre vie. Celui qui vit entièrement dans le présent sait qu'il n'y a pas de différence entre sa vie et l'instant présent.

Le défi de vivre
sans fuir les difficultés

Notre conception du réel se borne bien souvent à ce qui est négatif et douloureux. Tout ce qui se situe au-delà d'une certaine grandeur, d'un certain bonheur ou d'une certaine beauté nous apparaît comme étant plus imaginaire que réel. Lorsqu'une expérience s'avère trop merveilleuse ou sublime, nous l'isolons de la réalité. Nous la redoutons, nous jetant corps et âme dans l'introspection pour en sonder la véracité. Comme si tout ce qui fait partie du bonheur n'était que le fruit de notre imagination !

Nous redoutons donc ce qui va bien dans notre vie parce que au fond notre véritable sens du réel s'appuie presque exclusivement sur nos souffrances. Nous vivons si profondément ancré dans la souffrance que nous ne pouvons concevoir nos bonheurs autrement que comme des inventions. Cela provient du fait que nos bonheurs sont habituellement éphémères et que nos peines nous paraissent éternelles. D'ailleurs, nous nous méfions bien plus des gens heureux que de ceux qui ne le sont pas.

Pourrions-nous imaginer que plusieurs de nos souffrances ne sont en fait qu'imaginaires ? C'est pourtant le cas. Toutefois, malheur à ceux qui tenteraient de nous refuser le droit à nos souffrances ! Nous oublions ainsi que, pour les autres, notre souffrance est plus ou moins une illusion. D'ailleurs, si nous examinons notre degré de sympathie et de compassion envers les autres, nous nous rendons à l'évidence que, bien souvent, nous trouvons leur souffrance exagérée ou, à tout le moins, imaginaire. Nous pensons au fond de nous-même qu'ils se l'infligent par leur caractère et leur attitude négative ou dominatrice. D'ailleurs, les autres pensent la même chose de nous.

Nous accordons tant de valeur à la souffrance que nous nous sentons obligé de soulager les autres de la leur. Les parents, par exemple, acceptent très difficilement que leur enfant soit malheureux ; cela les rend coupables et malheureux. Nous devrions cependant accepter également le malheur et le bonheur : chacun a tout autant le droit d'être heureux que celui de ne pas l'être.

Par ailleurs, nous avons tendance à éviter nos problèmes parce que nous vivons dans un monde qui les accepte et s'y adapte. Plusieurs de nos solutions collectives sont en fait des problèmes. Nous n'apprenons pas à les résoudre ni à mieux les comprendre tant que nous les justifions ; nos problèmes sont alors des solutions : nous en avons résolu un par un autre. C'est une vieille idéologie du bonheur que nos problèmes soient source de bonheur. Quand nos difficultés en font partie intégrante, nous nous croyons heureux en dépit d'elles. La seule façon de ne pas fuir nos difficultés, ce n'est pas de les vivre, mais de vivre notre vie. Sans doute devons-nous constamment faire un bond audacieux au-dessus de notre insécurité pour vivre notre vie. Si nous hésitons trop longtemps entre notre sécurité et notre bonheur, les pour et les contre finissent par s'égaliser. Dans notre esprit, l'écart est trop grand pour sauter joyeusement. C'est indéniable que le changement entraîne avec lui des difficultés additionnelles, mais le bonheur donne plus de vigueur que la peur, qui est paralysante. Le bonheur recèlera toujours plus d'avantages que d'inconvénients. C'est qu'il change notre vie alors que le fait d'être malheureux ne change rien. Les plus grands exploits de notre vie viennent simplement du fait de la vivre.

Nous nous adaptons probablement à nos problèmes et à ceux des autres pour être aimé. C'est même une preuve de notre amour. Ceux qui nous acceptent mieux malheureux qu'épanoui sont eux-mêmes malheureux; ils se sentent moins compris par ceux qui sont heureux. Leur bonheur introduit un malaise dans leur vie, sinon de la contrariété. Les gens sans difficultés nous agacent lorsque nous en avons nous-même, sinon leur compagnie nous réjouit. Quand nos difficultés viennent avec le bonheur que nous avons à offrir, nous nous attendons souvent à ce que les autres nous aiment inconditionnellement, sans jamais avoir à mériter cet amour ou à le préserver. Nous nous pensons en droit d'être aimé comme nous sommes. C'est une vieille idéologie de l'amour qui n'oblige personne à le mériter et qui fait que l'amour est souvent n'importe quoi. Nous sommes souvent peu aimant parce que nous sommes déçu que les autres ne suppléent pas à nos manques. Que nous manque-t-il réellement si la joie nous manque? Quelqu'un qui nous l'apporte ou la joie elle-même?

Or, quelle difficulté pouvons-nous résoudre sans vivre notre vie? Si nous fuyons nos problèmes, nous en faisons des solutions : nous condamnons notre bonheur. Nous ne pouvons bien résoudre nos difficultés sans aimer la vie : une vraie solution se veut heureuse. Lorsque nous n'aimons pas la vie, nous gaspillons la nôtre. Ce n'est pas le temps que nous gaspillons lorsque nous gaspillons du temps, c'est notre vie, et notre vie n'est pas ce que nous faisons, elle est notre « essence ». Que nous méditions ou que nous jouions, notre essence sera la même. Nous nous reprochons de jouer, d'être gai et léger. Est-ce que nous gaspillons notre essence en nous amusant et en ne nous recueillant pas ?

Si nous ne résolvons pas nos problèmes, c'est parce qu'ils sont devenus plus importants que nous. Nous ne pouvons résoudre le moindre de nos problèmes s'il compte plus que nous. Aucune difficulté n'est plus importante que nous. Nous sommes toujours plus important que notre peine, que notre déception, notre colère, notre besoin, notre désir ou notre confusion ; nous sommes toujours plus important que notre passé et nos blessures. Nous sommes aussi plus important que notre bonheur et nos rêves.

L'essence d'un être ne peut être gaspillée que s'il se laisse aller à oublier son existence et sa valeur. Combien d'êtres vouent un véritable culte à leurs problèmes, leur donnant la première place ? Nous nous dévouons à notre misère lorsqu'elle est notre seul propos, notre seule pensée et notre seule compagnie. Combien d'entre nous ont élaboré l'ensemble de leur mode de vie en fonction de leur malheur ? En agissant ainsi, nous ne pouvons pas devenir plus grand que nos difficultés, même si nous sommes réellement plus grand qu'elles.

Nous choisissons la plupart de nos épreuves et de nos difficultés dans le but de nous en libérer. Celui qui choisit l'épreuve de la solitude s'est donné comme but de la connaître et de la dépasser. Celui qui choisit la maladie le fait pour triompher d'elle. Nous sommes plus grand que l'épreuve que nous choisissons parce que nous en sommes l'auteur et le maître. Nous sommes toujours plus que ce que nous vivons.

Nos épreuves reflètent la liberté que nous nous donnons autant que celle que nous nous refusons. Si nous fuyons nos difficultés, nous ne connaîtrons pas notre force ni notre liberté. Les obstacles ne sont pas là pour être aplanis, mais bien pour être maîtrisés.

Enfin, il faut ajouter que la plupart de nos difficultés sont purement matérialistes. Nos pensées négatives, nos émotions d'apitoiement sur nous-même ne proviennent pas d'une conscience aimante. Nous faisons-nous autant de peines et d'inquiétudes parce que nous ne sommes pas suffisamment sage et aimant que nous nous en faisons parce que nous n'avons pas assez d'argent ou d'importance ? L'inquiétude, le tourment et l'angoisse sont reliés au futur. Une solution peut sembler idéale simplement parce qu'elle ne menace pas notre avenir et être pour cette raison « rationnelle ». Toutefois, par rapport à un autre futur autrement plus désirable, elle pourrait bien être défavorable, c'est-à-dire « irrationnelle ». Souvent, nous ne prenons pas notre bonheur en considération quand nous vivons pour le futur. Nos décisions les plus importantes ne sont peut-être pas rationnelles si notre bonheur n'en est pas le but ultime.

Le défi de vivre en faisant ses expériences

Bien que nous n'en soyons pas toujours conscient, c'est notre vérité que nous examinons à travers la plupart de nos expériences. Chacune de celles-ci traduit notre relation à nous-même et s'avère donc comme étant un aspect d'une expérience plus grande encore. Mais pour que le lien à nous-même soit véritablement élagué de ce qui n'est pas nous, nous devons avoir présents à l'esprit les jugements de valeur qui lui sont associés. Notre réalité ne devrait dépendre d'aucun jugement de valeur, qu'il soit positif ou négatif. Quand nous nous jugeons, nous le faisons en fonction des expériences des autres. Si nos expériences dépendent de l'assentiment des autres, nous connaîtrons une grande solitude psychologique et n'éprouverons aucune compassion pour autrui.

Peut-être est-ce difficile à concevoir, mais nous sommes au-dessus de tout jugement. Notre relation à nous-même est tout aussi valable et précieuse selon que notre expérience est absolument merveilleuse ou complètement dévastatrice. Nos expériences portent le fil conducteur du lien conscient à nous-même. Nier une expérience parce qu'elle est perçue comme négative, c'est se fermer à soi-même.

Il est plausible que notre lien conscient à nous-même dépasse le territoire intérieur de l'introspection et aille bien au-delà de notre cerveau et de notre vie ordinaire pour organiser dans le monde l'expérience que nous devrons comprendre par extrospection, à défaut d'une réflexion préalable suffisante et qui nécessite le concours de circonstances contributrices. L'épreuve, sinon le défi, qui en découle est généralement désorganisante et mal acceptée, elle n'était pas souhaitée. Mais si nous restons ouvert à l'idée que nous avons peut-être « inconsciemment » arrangé tout cela pour accéder à une compréhension supérieure, par extrospection, nous verrons que la sagesse qui ne vient pas avant l'expérience vient après. Notre conscience est-elle obligée d'en faire autant ? Apparemment oui ; c'est là une façon incontournable pour nous d'évoluer, car les faits nous obligent à comprendre après coup l'expérience elle-même et notre relation à nous-même. Nous pouvons donc appréhender nos expériences par l'introspection et l'extrospection.

Nous en sentir coupable et fautif n'est pas un sentiment qui appartient en propre à l'expérience. Nous n'éprouvons de remords et de repentir que lorsque le lien à nous-même est inconscient, car il ne nous guide pas. À travers toutes nos expériences, nous faisons l'expérience de notre volonté, de notre liberté et de l'amour pour nous-même. La vie de chacun est tôt ou tard une histoire d'amour silencieuse entre nous et l'Homme.

Une expérience d'impatience avec autrui, de hauteur ou de bienveillance est tout autant une expérience avec nous-même, car elle expose aux autres notre lien à nous-même. Par conséquent, faire nos propres expériences, ce n'est pas sans conséquences. En prendre bonne note, c'est simplement devenir plus attentif à notre propre relation à nous-même à travers nos diverses expériences, ce n'est pas se retenir de vivre.

Nous pouvons être vivant sans vivre, ce qui se produit quand nous vivons la vie d'un autre plutôt que la nôtre. Dans la dépendance affective, nous consentons à n'être qu'un moyen pour l'autre d'obtenir plus de la vie ; nous sommes l'objet de satisfaction de ses désirs, non son égal. Combien d'entre nous, quand ils prennent part à la vie d'un autre, réduisent la leur à peu de chose, attendant qu'il change pour vivre autre chose ? Ce qui est acceptable pour un autre ne l'est pas nécessairement pour nous. Quand nous acceptons de vivre des expériences douloureuses, pour ne pas déplaire à l'autre, pour ne pas créer de conflit, quand nous lui mentionnerons enfin notre ras-le-bol, il n'aura pas le sentiment de faute et nous en serons encore plus démonté, sinon contrit et furieux. Tout ce que nous acceptons est acceptable pour l'autre. Nous l'induisons en erreur. Bien sûr, nous ne commettons pas nos propres erreurs et vivons à côté de quelqu'un qui les fait toutes, mais nous ne vivons pas notre vie ; la vivre, c'est nécessairement commettre beaucoup d'erreurs et autant que lui.

Parfois, nos expériences sont pour nous des erreurs pures et de dures leçons, mais nous devrions nous consoler : nous vivons notre vie, non pas celle d'un autre. Ceux qui font surtout l'expérience de leur ego font principalement l'expérience de la peur dans leur vie, et alors c'est la souffrance qui est le plus à craindre. La préoccupation de soi plutôt que la conscience de soi traduit la peur de souffrir. Pour éviter que la souffrance ne survienne, plusieurs d'entre nous évitent tout ce qui pourrait y conduire, l'amour, l'amitié, la réussite, la solitude, etc. Une vie sans souffrance n'est pas possible. Nous devons apprendre à l'alléger plutôt qu'à la dramatiser.

Nous sommes au centre de chacune de nos expériences pour la simple raison que nous en sommes le sujet. Et même si nous avons beaucoup appris de la vie, nous ne savons rien si, de toutes les choses apprises, nous-même, en tant que personne, en demeurons la moins intelligible. Le seul objet d'étude valable est soi-même.

Le défi de vivre
en développant sa conscience

Vivre en développant sa conscience est à la fois très simple et fort compliqué. Ce que nous appelons notre conscience est un certain niveau de compréhension, un degré de liberté intérieure auquel nous sommes parvenu et un aperçu de notre connaissance de nous-même. Quand nous vivons en développant notre conscience, la désorganisation, l'incohérence et la perturbation ne sont pas un mode de vie, mais des épisodes de plus en plus brefs et isolés au fur et à mesure que nous la développons. La dissonance entre notre vie intérieure et notre vie extérieure est régulièrement soumise à notre relation à nous-même, et rien ne peut jurer très longtemps sans que nous en soyons mal à l'aise. Y remédier exige une grande honnêteté avec soi-même. Nous manquons autant de discernement que nous manquons de franchise envers nous-même.

Comment développer notre conscience quand une tâche aussi simple est en même temps aussi gigantesque ? Voici la partie simple : il suffit de ne pas juger, ni les autres, ni soi, ni aucune expérience. Et la partie difficile :

l'appliquer. Mais ce que nous faisons pour nous-même, nous le faisons pour tous.

Ne pas juger exige que nous suspendions notre pensée, que nous vivions complètement dans le présent, que nous ne prêtions d'intention à personne ni ne prenions les choses trop personnellement, que nous émettions le moins d'opinions possibles, n'ayons pas de préjugés, ne critiquions, ni ne blâmions, ni ne condamnions les autres et nous-même. En somme, cela exige l'impeccabilité d'un saint et l'ouverture d'un sage ! C'est sans doute pourquoi nous ne parvenons que très difficilement à développer notre conscience.

Le défi de vivre
en évoluant

Combien de fois devez-vous être sage avant d'être sage ?
Combien de fois devez-vous aimer pour véritablement
aimer ? Des milliers de fois ? Une seule fois ?

Nous changeons rarement du tout au tout ; nous ne
sommes jamais totalement autre ; nous pouvons seulement être davantage ce que nous sommes déjà. Notre
épanouissement n'est pas une question d'excellence ni de
perfection, mais une nécessité : notre condition d'humain
l'exige. Autrement, nous sommes des loques humaines
et des sous-développés dans un monde que nous appelons « moderne ». Aussi, les défis sont indispensables à
notre épanouissement. Habituellement, ce sont des difficultés que nous avons envie de surmonter afin de rendre
notre vie plus joyeuse, légère et facile. Les défis que nous
relevons nous procurent de la vitalité, de l'assurance et
du bonheur. Le dépassement de soi ne correspond pas à
une rigueur morale fondée sur le mépris, il traduit simplement la découverte que faire mieux donne plus – plus de
confiance, d'aisance, de liberté, de bonheur et de réussite.
Si le bonheur était une simple recette à suivre, elle consis-

terait à relever des défis. Qui peut trouver le bonheur à ne pas être mieux qu'avant ? À être moins intéressant et moins aimable qu'il le souhaite ? À moins de tenir absolument à être malheureux, nous n'avons pas d'excuses pour ne pas progresser.

Chaque fois que nous souhaitons davantage de la vie, des autres et de notre propre vie, c'est que nous ressentons sourdement le besoin d'un défi. Le volontaire aura envie de lâcher prise ; le timide, de triompher du jugement ; le colérique, de devenir libre ; et celui qui s'appuie sur les autres, de voler de ses propres ailes. Ce n'est pas un idéal de nous-même qui nous motive, ni un besoin de changer pour plaire, c'est strictement le bonheur ressenti à vivre de nouvelles possibilités humaines. Celui qui s'estime au plus haut point n'a d'autre idéal de soi que lui-même heureux. Son bonheur guide sa croissance personnelle à chaque nouveau défi. Son humanité lui inspire le bonheur, il évolue et aime à travers elle à chaque défi. Si vous cherchez quelqu'un d'évolué, ne cherchez pas un saint, mais un être heureux.

Sans défi, nous perdons le lien avec notre vie et nous-même ; nous nous accrochons au connu, au passé. Si nos expériences sont limitées et répétitives, c'est là un signe que nous percevons négativement notre liberté. Pour plusieurs, vivre librement est égoïste et narcissique, et s'en prévaloir est culpabilisant : ils deviennent les ennemis de leur propre liberté. Ceux qui sont rigides, possessifs, violents, fanatiques et dogmatiques sont les ennemis de leur propre liberté avant d'être les ennemis de la liberté des autres. Ceux qui vivent dans le passé ne tolèrent pas la liberté.

Le mouvement naturel de la vie tend vers une liberté toujours plus grande. Si vous voulez aimer véritablement la liberté, croyez tout simplement en elle. Si pour vous la liberté est un cauchemar plutôt qu'un rêve réalisable, la vôtre se perdra à en avoir peur.

Le défi de vivre en créant sa vie

Créer notre vie, c'est créer autant notre bonheur que nos malheurs. Les choses et les gens ne peuvent trouver leur route vers nous que si nous les attirons. Pour attirer le bonheur dans notre vie, il doit être notre priorité. Car c'est uniquement ce qui compte le plus pour nous qui entrera dans notre vie.

Pour attirer l'amitié, l'amour, le succès et tout le reste dans notre vie, ils doivent être indispensables à notre bonheur, sinon, nous nous en passons. Que vous faut-il pour être heureux ? Vous le rendre possible, c'est cela créer votre vie. Et tout ce que nous rendons impossible pour nous ne l'est pas nécessairement.

Nous devons décider de notre vie à tout moment. En un seul instant, toute notre vie pourra s'en trouver changée. Il suffit de choisir maintenant ce qui nous rendra heureux et d'agir maintenant. Notre vie est la somme de nos choix immédiats, jamais le produit de choix futurs. Choisir notre vie, au fur et à mesure, c'est la créer. Nous ne pouvons d'ailleurs rien faire d'autre. Tout ce que nous reportons à plus tard nous entraîne dans la confusion et

l'ennui. Reporter notre bonheur à plus tard, c'est véritablement reporter notre vie à plus tard. Quand notre vie quotidienne présente pour nous peu d'attrait et nous donne
peu de satisfaction, c'est que nous vivons pour demain,
non pour notre vie.

Rien n'est instantané ni définitif. Souvent, nous sommes trop attachés à ce que nous éprouvons, ce que nous
pensons et ce que nous souhaitons pour nous imaginer
vivre autre chose. Plusieurs sont même attachés à leurs
problèmes, c'est notre cas quand nous les excusons plutôt
que de les résoudre. Nous demandons plutôt aux autres
de les prendre sur eux, c'est moins lourd. Nous créons une
vie à problèmes, car les fruits de la souffrance partagée
sont moins amers. Vivre sous le joug de l'inconscience
peut nous donner bonne conscience, mais certainement
pas la conscience. Nous avons beaucoup de chaînes à
briser. Et souvent, nous choisissons nos chaînes plutôt que
notre vie.

Si tout a été dit, tout n'a pas été fait. Nos intellectua-
lisations nous occupent l'esprit mais ne nous incitent pas
nécessairement à agir. Souvent, nous nous offrons ce dont
nous n'avions pas besoin et créons un appesantissement,
une perte de vitalité : la joie part. Comment savoir de quoi
nous avons besoin ?

Notre souffrance ne s'évalue pas aux choix que nous
faisons. Il est plus facile de moins souffrir que d'arrêter
de souffrir, si bien que devant la souffrance nous faisons
souvent le choix le plus facile. Parfois, demeurer dans une
relation malsaine est plus facile que de rompre. Parfois,
ne pas défendre ses droits est plus facile que de se battre
pour les faire valoir. Parfois, ne plus revoir ses parents est

plus facile que de leur parler à nouveau. Parfois, changer de pays, de travail ou de ville est plus facile que faire face à ses problèmes. Choisissons-nous une moindre souffrance ou notre vie ? Quand notre choix vise surtout à nous rendre moins malheureux, il n'apaise qu'une partie de notre souffrance. Il est un moindre mal, non pas une solution éclairée. Choisir ce qui nous rend moins malheureux ne nous apporte pas davantage de bonheur. La lucidité nous manque quand nous faisons nos choix uniquement dans le but de moins souffrir.

Nous créons notre vie afin d'être heureux ou moins malheureux, mais la plus grande autonomie psychologique que nous donne le bonheur va au-delà de la satisfaction d'être moins malheureux. Notre vrai soi n'est authentique que dans le bonheur. Le faux soi est celui avec lequel nous composons par peur. Nous ne vivons peut-être même pas avec la moitié de nous-même.

Notre vie se joue là ou nous sommes, à chaque instant. Éviter le bonheur, c'est ne pas miser trop haut parce que nous ne comprenons pas la valeur profonde de notre vie comme expression intime de ce que la vie nous offre de vivre de plus grand : la joie, la liberté, le bonheur et l'amour.

Le défi de vivre
en devenant libre

Bien que notre tentative de nous rendre identiques les uns aux autres soit passablement réussie, l'individualisation est le destin de l'espèce humaine. Nous savons au fond de nous-même que nous sommes libre, et c'est pour cette raison que, tôt ou tard, nous cherchons à savoir qui nous sommes.

Nos souffrances, nos conflits, nos égarements et notre solitude devraient être les fruits de notre individualisation et non ceux de la normalisation de notre existence. Pensez-vous pouvoir vous individualiser sans souffrance, sans égarement, sans solitude et sans conflit ? Vous cherchez en vous-même votre vérité parce qu'elle n'est pas ailleurs. Chacun est unique et, par conséquent, personne n'a de modèle. Il n'existe pas d'autre soi-même vers qui tendre afin de s'accomplir pleinement. D'ailleurs, chercher un autre soi-même, c'est refuser de s'individualiser, c'est refuser sa liberté.

Être, ce n'est pas devenir « quelqu'un », c'est tout simplement n'être que soi-même humblement. La plupart d'entre nous désirent par-dessus tout être « quelqu'un », et combien ne songent à rien d'autre, ne cherchant qu'à paraître et à briller ? Quelles preuves de notre valeur avons-nous à fournir aux autres ? Nous n'avons pas à être performant jusque dans les apparences que nous renvoyons aux autres.

Nous nous individualisons chaque fois que nous agissons en fonction de nous-même, selon nos pensées, nos besoins, nos sentiments, nos espoirs, nos désirs, nos valeurs propres et notre conscience. Plusieurs préfèrent pourtant être à l'image d'un autre plutôt que de vivre sans modèle, parfaitement libres. Ils préfèrent être aimés plutôt que de s'aimer eux-mêmes. Rares sont les êtres assez conscients et individualisés pour pouvoir réellement aimer. Et ne comptez pas trop sur l'amour des autres pour vous individualiser, car cet amour est bien souvent une tentative de leur part pour vous rendre à leur image.

Chaque fois que nous écoutons notre cœur et notre conscience, nous nous individualisons. Le drame des humains est d'écouter les autres plutôt que d'écouter leur propre vie ! Ne retenez pas votre vie, ne retenez rien. En ne vous pardonnant pas et en vous jugeant, vous immobilisez vos expériences et les gens, vous ressassez sans fin vos actions. Lorsque vous jugez vos actions, bonnes ou mauvaises, vous n'apportez rien à votre conscience.

Lorsque nous critiquons nos gestes et nos sentiments, nous les figeons, nous leur retirons leur liberté et, ce faisant, nous perdons la nôtre. Chaque action, chaque sentiment a pour but de nous libérer. Nous sommes prisonnier de notre existence, de notre conscience, de nos idées, de nos croyances, de nos émotions, de nos sentiments, de nos besoins et de nos rêves. Tout ce que nous faisons n'a qu'un but, nous libérer, mais si nous écoutons notre cœur, nous n'aurons pas à chercher la liberté, car nous l'aurons déjà. Pourquoi cherchons-nous tant à plaire ? Aucune liberté intérieure ne nous est accessible tant que nous voulons plaire à qui que ce soit. Certains penseront que celui qui écoute sa vie est égoïste et individualiste. Notre vie ne cherche pas à nous faire vivre à l'écart, elle nous incite plutôt à aller toujours vers autrui. En fait, l'isolement intérieur provient du fait de ne pas croire à sa vie.

Quand tout va bien, c'est facile de croire en nous, nous sommes fort et capable. Puis arrive un coup dur, et c'est une tout autre histoire. L'adversité sonde sérieusement notre foi en nous-même, elle met durement à l'épreuve toutes nos capacités, si bien que notre résilience reflète plus fidèlement notre réelle liberté psychologique que notre satisfaction. Quand les temps sont durs, nous avons le choix de rebondir ou de sombrer plus profondément, et c'est le temps qu'il nous faut pour remonter à la surface qui nous révélera le mieux à quel point nous sommes réellement fort et dans quelle mesure nous croyons vraiment en nous-même.

DEUXIÈME PARTIE

Le côté extérieur de la vie

La vie quotidienne

Puisqu'elle est nécessaire, la vie quotidienne est sûrement la plus noble de nos résistances à la vie ! Elle est une tâche à accomplir et non un potentiel à réaliser. Jour après jour, nos corvées les plus banales passent avant nous, avant nos sentiments, nos liens, nos rêves et notre intelligence de la vie. Notre vie quotidienne est la part de notre vie que nous ne réclamons pas, que nous ne vivons pas... Notre vie véritable, ainsi que tout ce qui a de la valeur à nos yeux, cède le pas à la vie quotidienne. Nous faisons passer notre réalisation personnelle en second parce que nous avons peur de n'être pas aimé si nous *nous* faisons passer en premier.

La nécessité d'être aimé est la plus forte des pressions auxquelles nous soumettons notre vie. D'ailleurs, notre socialisation est fondée sur cette nécessité d'être aimé par les autres : plus notre socialisation est réussie, plus nous sommes aimables ! Or, nous pouvons être très aimable sans être pour autant aimant. Nous ne pouvons nous individualiser ni évoluer tant que nous vivons pour obtenir l'amour des autres.

Nous devons être aimable et sociable, mais notre gentillesse nous sert le plus souvent à nous forcer à aimer les autres et à les aider à nous aimer. Plusieurs parents forcent leur enfant à les aimer et beaucoup d'enfants forcent leurs parents à les aimer. Voilà ce qu'est la socialisation : une tyrannie qui s'exerce dans le but d'être aimé. Mais l'amour est un acte de liberté, non de socialisation. Nous ne pouvons pas être conditionné à aimer ; c'est librement que nous devenons aimant.

La manière dont nous vivons la vie quotidienne est l'ennemi de nos valeurs, nos rêves et nos vies. L'amour et le bonheur y survivent difficilement. Quand on aime la vie, on aime le quotidien ; il n'est pas un rabat-joie et nos tâches ne nous rendent pas maussade ou déprimé. Bien souvent, la vie quotidienne est notre excuse pour ne pas être heureux. Elle nous sert fâcheusement de prétexte pour ne pas savoir vivre heureux et libre, nous lui imputons nos difficultés. Quand ce ne sont pas les corvées ou le manque de temps qui justifient que nous ne soyons pas heureux, ce sont notre partenaire, nos enfants, notre voisin, notre patron ou nos collègues. La vie quotidienne est la raison majeure invoquée pour ne pas avoir de vie intérieure ni de véritable relation avec les autres. Le manque de temps explique tout, nos manquements, nos lacunes et nos souffrances. Nous ne nous donnons pas le temps d'aimer, de penser, de rire, de parler ou d'écouter. Il est impossible d'être bien dans sa vie avec de telles échappatoires. Pourquoi demandons-nous aux autres d'être semblables à nous si ce n'est pour nous faciliter la tâche de les aimer, à défaut de prendre le temps de le faire ?

Si notre vie quotidienne est négative, c'est essentiellement par inadvertance, c'est-à-dire à cause d'un conditionnement aversif, car en soi la vie quotidienne est tout ce qu'il y a de positif. À force d'être associée pendant l'enfance et l'adolescence aux réprimandes, corrections, critiques, à la privation d'amour, à nos plus grandes souffrances, au rejet, à l'envie, la jalousie, l'humiliation, l'injustice, la honte, l'infériorité, la solitude, la négligence, la peine et la colère, et même la violence, la vie quotidienne est devenue elle-même une expérience négative parce qu'elle porte trop de cicatrices inconscientes. Il nous est impossible de nous remémorer une souffrance sans ressentir une douleur innommable qui est celle du quotidien, négativement associée aux mêmes souffrances jour après jour. Nous pourrions concevoir la déprime que nous fait vivre la vie quotidienne comme un réflexe conditionné, et ce ne serait pas faux.

Pour nous libérer de l'aversion du quotidien, nous devons nous libérer du pouvoir que nous donnons puérilement aux autres de nous récompenser et de nous punir comme quand nous étions enfant. Tant que nous vivons notre vie quotidienne et faisons ce que nous avons à faire pour obtenir l'assentiment et l'acceptation, nous quémandons l'amour dans les mêmes conditions aversives que lors de l'enfance et de l'adolescence, et cela nous répugne autant qu'avant. Quêter l'amour n'a jamais été et ne sera jamais une valeur assez positive pour redonner à notre vie quotidienne tout ce qui lui revient.

La vie quotidienne n'est pas guidée par des règles de bonheur, personnelles et familiales, mais par l'habitude de plaire et de ne pas déplaire, habitude qui se voudrait une preuve d'amour. Dans le quotidien, nous confondons, par un vieux réflexe, aimer et plaire, et créons ainsi des conflits épineux, justement à cause de cette illusion qui perdure. Souvent, nous n'avons envie ni d'aimer ni de plaire tellement ces deux désirs sont depuis toujours synonymes de soumission ou de domination.

Comment devez-vous vivre le quotidien, sinon en étant bien dans votre vie ? Vous n'avez qu'à vous imaginer comment vous vous sentiriez à l'idée d'être bien dans votre vie, et les changements dont votre vie a besoin vous viendront à l'esprit.

C'est dans le quotidien que notre difficulté de vivre est évidente. C'est au quotidien que notre difficulté d'aimer, de maîtriser notre vie, de communiquer ou de créer se manifeste clairement. Le quotidien ne ment pas : il nous met notre névrose sous le nez. La névrose est liée à l'expérience négative du quotidien. Pour la plupart de nous, il représente encore aujourd'hui la négation de notre vie et de notre soi réel.

Pour s'en sortir, il ne manque parfois que la compréhension nécessaire et l'audace. Pourquoi êtes-vous si troublé par ce que vous êtes ? Vous souhaiteriez être plus sage, plus silencieux, plus aimable ? Ce dilemme entre ce qu'il faut être et ne pas être est pourtant inutile, il ne fait que miner votre confiance en vous-même et mettre en veilleuse votre vie. Mais vous ne pourrez jamais dissimuler aux autres ni à vous-même ce que vous êtes né pour être, le quotidien n'est pas fait pour le cacher.

La névrose est notre façon tragique de refuser d'être nié par les autres : à défaut de nous reconnaître nous-même et nous valider nous-même, nous devenons pathologiquement nous-même. Chaque fois que nous sommes faux, nous faussons la réalité. La vie quotidienne est fausse seulement quand nous le sommes. Si la névrose est la pointe de l'iceberg d'une révolte intérieure profonde, c'est chaque jour que nous devons contourner la négation de nous-même, en échange d'un peu d'amour. À quoi n'avons-nous pas renoncé pour être aimé ? Notre compulsion à être performant nous oblige à être surhumain, mais l'excellence n'est qu'une façon de mendier notre bonheur. Nous n'avons rien à dépasser pour être digne de nousmême, même pas à revendiquer le droit de l'être.

Nous ne sommes pas fait pour vivre indifférent à notre propre existence, mais nous tentons tant bien que mal de le faire. Par conséquent, nous ne savons rien faire sans souffrir, laissant notre souffrance structurer jusqu'à notre temps et notre existence. Nous faisons nos projets en fonction d'elle ; elle est notre survie. La femme qui souffre de l'alcoolisme de son mari modèle sa vie en fonction de cela. L'homme qui souffre de la dépendance de sa femme construit lui aussi sa vie en fonction de cela. La souffrance de l'autre devient notre prison.

Mais lorsque nous devenons heureux, il devient absurde de structurer notre temps en élaborant nos difficultés ; lorsque nous sommes heureux, nous souffrons moins de nos misères que de notre liberté, immense et insoutenable... Ceux qui sont heureux savent que le bonheur n'est pas un état d'euphorie mais de lucidité.

Si nous pouvons tolérer de souffrir autant, c'est que nous refusons la réalité. Au lieu de l'accueillir pleinement, nous poursuivons des idéaux. Sans leurs idéaux, plusieurs d'entre nous auraient peu de raisons de vivre. C'est bien souvent grâce à leurs idéaux plutôt qu'à leur réalité que plusieurs se raccrochent à la vie. Le contact avec leur vie passe nécessairement par le désenchantement et la désillusion. Plusieurs d'entre nous idéalisent la vie au lieu de la vivre. L'errance psychologique est inévitable parce que, en idéalisant la vie, nous vivons à côté des autres sans pour autant être véritablement avec eux. Nous n'avons pas d'intérêt réel pour les autres, à moins qu'ils ne correspondent à notre idéal ou pourvoient à nos manques.

Chaque jour, nous portons des jugements en fonction de ce que nous ne sommes pas encore. Nous estimons que si nous avons peu, nous valons peu. Pourtant, nous ne pourrons rien emporter avec nous à la fin de notre vie. Pouvons-nous accumuler la sagesse, l'amour et l'intelligence? La vie ne les accumule pas, elle les prodigue.

Notre quotidien nous laisse plutôt incrédule devant l'abondance et la générosité de notre vie! Notre vie quotidienne, c'est nous-même, mais, au lieu de reconnaître ce fait, nous lui attribuons tous les maux.

Le monde semble être extérieur à nous, mais s'il y a un extérieur, c'est donc qu'il y a un intérieur, un centre. Ce centre est la perfection. Tout est extériorisation de la Perfection : nous-même et les autres. Nous sommes cependant persuadé du contraire. Nous sommes convaincu que la vie est imparfaite, qu'elle n'est qu'une « vallée de larmes », de misère et de détresse, et nous nous résignons à n'en attendre que peu de joie.

Seule la grandeur existe et elle passe par chacun de nos gestes, les plus petits comme les plus grands. Nous n'avons pas à l'atteindre, nous n'avons qu'à l'extérioriser ; nous en sommes l'expérience et l'Expérimentateur depuis le début de notre existence... Le côté extérieur de la vie reflète son côté intérieur, notre conscience qui est aussi notre perfection.

Ne cherchez pas la perfection, car elle se déguise. Elle se cache dans votre tristesse, dans votre joie, dans votre haine, dans votre amour. Mais si vous la cherchez, alors cherchez-la partout !

Le travail

Le travail permet d'établir l'ordre social et de maintenir entre nous des rapports empreints de sympathie. Le commerce de notre labeur est un partage de nos vertus et de nos talents humains. La majeure partie de notre vie consiste à contribuer au quotidien de chacun de toutes sortes de manières. Le travail est une forme d'expression de collaboration entre les humains. Vous êtes récompensé pour avoir donné ce que vous avez et pour avoir contribué à l'avancement de l'humanité. Bien que de plus en plus de sociétés fassent du travail un objet de profit et de pouvoir, il n'en reste pas moins une expression de la coopération entre les humains.

Mais l'économie ne peut emmagasiner les talents de l'humanité. Alors, si le système économique vous porte à croire que votre contribution a peu de poids, n'en croyez rien. Par son travail, récompensé ou non, chacun partage ses talents avec les autres et, dès que vous partagez vos vertus avec un autre humain, vous les partagez avec toute l'humanité. Rappelez-vous que l'humanité est une chaîne. Et ne vous préoccupez pas de savoir à combien d'individus profite votre travail. S'il ne profitait qu'à une seule personne, ne fût-ce qu'à vous-même, il profiterait tout de même à l'ensemble de l'humanité. Ne vous laissez pas décourager par le commerce insensible de votre génie. Le plus riche et le plus puissant des systèmes économiques, c'est le potentiel humain.

Qu'il s'agisse d'un pain ou d'un téléviseur, rappelez-vous que chaque marchandise est le témoin des talents de plusieurs personnes et que chacun contribue au partage et à la jouissance des talents humains.

Si nous pouvions concevoir l'économie comme étant non seulement le commerce insensible de biens et de services, mais aussi comme une distribution du potentiel humain, nous ne pourrions plus réduire notre propre contribution ni celle des autres à un esclavage mécanique ou bureaucratique. Le génie humain est et sera toujours le principal bien de l'humanité, comme il demeurera à jamais la source de toute économie.

Le plus souvent, nos vertus ne sont pas reconnues. Un titre élevé ne témoigne pas nécessairement de nos capacités et de nos talents. Il nous est demandé d'exécuter intelligemment notre travail, mais il nous est refusé d'être intelligent, c'est-à-dire de dépasser nos fonctions ou notre tâche, car cela entraînerait des conflits hiérarchiques et une rivalité peu souhaitable. Mais, tôt ou tard, nous cesserons d'aimer tout travail qui nous impose de ne pas être plus intelligent que la tâche ou la fonction qu'il implique, car tout ce qui nous limite ne mérite pas notre amour.

Une société hiérarchisée ne peut pourtant pas reconnaître cet état de fait car nous serions tous en mouvement, changeant d'emploi et même de carrière dès que nous serions devenus plus intelligents que ce que n'exige notre travail. Malgré leur valeur pour l'humanité, le professionnalisme et la spécialisation perdent de leur sens lorsqu'ils sont pratiqués par des gens plus intelligents que ce qu'ils font et qui se désintéressent de leur travail parce qu'il les limite.

Il arrive un moment dans la vie de chacun où l'emploi occupé ne procure plus la satisfaction initiale. Le cœur n'y est plus et l'autodiscipline paraît le seul moyen de contrer la débandade. Nous nous efforçons alors d'être comme avant, mais nous ne pouvons plus accomplir notre travail comme auparavant. Par contre, bien que nous soyons moins motivé, nous accomplissons nos tâches professionnelles de mieux en mieux parce que nous acquérons de l'expérience. Mais, bien que nous croyions que nous aimerions parvenir à voir notre travail comme auparavant, c'est nous-même que nous souhaiterions voir neuf, frais, totalement vivant.

Si vous ne vous attendez plus à ce que votre travail vous fasse évoluer, c'est sans doute que vous ne l'accomplissez plus adéquatement, car peu importe la nature de notre travail, chaque problème qu'il nous pose nous oblige à évoluer pour le résoudre. Aucune difficulté au travail n'est neutre ; notre perception du problème et la solution préconisée reflètent notre niveau de conscience. Par conséquent, la question n'est plus de savoir ce que nous devons faire pour résoudre tel ou tel autre problème, mais ce que nous devons devenir.

Le temps

La psychologie a partiellement élucidé notre rapport au temps en faisant l'étude du développement humain, de sa motivation, de sa perception et de sa psychopathologie. Le temps apparaît comme étant notre témoin, le témoin de notre vie. Il nous sert de conscience, de miroir, et nous renvoie l'image de notre vie telle que nous la développons et l'utilisons. L'angoisse du temps se fonde sur l'avoir...

Nous avons peur du lendemain ; nous craignons de ne pas avoir assez d'argent, d'amour, de succès, de santé ou d'amis. Quand vivons-nous de l'insécurité parce que nous voulons davantage d'intuition, d'intelligence, de sagesse et de conscience ?

Notre insécurité provient du fait que nous ne voulons vivre qu'à certaines conditions. Vivre nécessite l'expérience et l'expérience fait peur ; mais nous vivons le plus souvent de l'insécurité parce que nous ne nous identifions ni à nous-même, ni à ce que nous aimons, ni à ce que nous faisons, mais vivons dissocié de notre vie. En ne nous identifiant pas à notre vie mais au temps qui ne cesse de nous angoisser, nous sommes un étranger pour nous-même.

Le temps tisse le quotidien avec le même fil qu'il nous tisse : celui de l'impermanence. Nous ne nous rendons pas assez compte de ce que nos expériences exigent de nous pour apprécier notre courage. Elles se résument dans l'essentiel à sans cesse nous accommoder, nous ajuster et à intégrer. Nous sommes forcé à vivre dans le détachement alors que notre nature est de nous lier et d'apprécier la sécurité et le confort. Nous sommes donc constamment à lâcher prise d'une expérience pour donner prise à une autre qui lui succède, pour nous détacher d'elle et nous ouvrir à la prochaine.

Le temps apparaît comme étant notre témoin, le témoin de notre vie. Mais le temps est un miroir si fugace qu'aucune image ne s'y fixe. Alors, pour y voir plus clair, nous pensons. Notre pensée semble être la seule chose qui puisse en quelque sorte nous dégager des rouages du temps qui nous efface sur son passage.

Nous ne semblons pas avoir assimilé psychologiquement à quel point notre vie est éphémère, sinon nous n'essaierions même pas de nous adapter à la vitesse du temps et à sa domination sur le rythme de nos vies et, au lieu de vivre en accéléré, dans l'espoir de vivre davantage, nous cesserions d'en faire le plus possible. Nous ralentirions. Croire que vivre pleinement c'est vivre à fond de train nous induit insidieusement en erreur. Nous sommes pressé de nous réaliser, allant au plus vite dans nos relations, au plus court dans nos projets, voulant tout, tout de suite, répondant sur-le-champ à des situations qui exigeraient plus de recul, obnubilé par la vie express : l'immédiateté, l'instantanéité, les mesures expéditives et les résultats rapides. Nous avons de la difficulté à soutenir des projets à long terme parce que nous réfléchissons à court terme, laissant à la prochaine génération le soin de se débrouiller avec les conséquences de nos actions sans dessein. Notre vue est courte parce que c'est notre temps à nous qui compte et il est dramatiquement trop bref.

Déclarer volontairement certaines choses impossibles pour nous, dans cette vie, ce n'est pas un acte d'apathie, mais un acte sensé. Sinon, nous vivrons sur les nerfs, tenaillé et tiraillé par tout ce qui nous intéresse, vaincu par le temps. Sachons-le : nous ne pouvons pas tout poursuivre, être violoniste, scientifique, chanteur, professeur, médecin, acrobate et acteur !

Plus nous avançons dans notre vie, plus elle nous semble n'avoir duré qu'un jour. Le nonagénaire sait mieux que quiconque que ce jour compte quatre-vingt-dix ans et non vingt-quatre heures. Ce vieux sage a eu tout le temps nécessaire pour s'en rendre compte, mais a-t-il vécu pleinement ? Parce que nous nous en remettons à demain, nous sommes rarement dans notre vie, et souvent dans le futur. Parce que le temps de vivre est de l'or invisible, gaspiller ce jour devrait avoir la même portée que gaspiller notre vie. Ne pas apprécier notre vie a pour effet que nous ne voyons pas en aujourd'hui un jour de plus pour vivre, mais un jour de moins pour tout faire.

Pour bien vivre sa vie, il faut faire l'expérience de sa propre « éphémérité », non pas intellectuellement, mais dans les faits. Et cela nous fait peur. Nous préférons vivre loin d'elle, dissocié de notre vie, étranger à nous-même, refusant de vivre tout ce qui pourrait nous retarder dans la poursuite de nos objectifs. Et généralement, c'est vivre notre vie qui pourrait nous ralentir. C'est dans cet ordre

d'idées que la réflexion et la connaissance de soi sont perçues par plusieurs comme une perte de temps, sinon du
temps mal employé.

Qu'arrive-t-il à celui qui ne résiste pas à son talent, son
intelligence, son charme, sa bonté, sa richesse ou sa popu-
larité ? L'abondance. Celui qui ne résiste pas non plus à son
égoïsme, son orgueil, sa gourmandise, sa colère, sa pauvreté ou sa maladie obtient la connaissance de soi parce
qu'en faisant siens ces travers il peut en tirer des leçons. Il
est inutile de refuser ce que nous sommes, l'équilibre est
inévitable. L'équilibre se situe toujours entre une valeur
négative et une valeur positive, entre ce que nous aimons
et n'aimons pas de nous.

Cessons de voir nos défauts comme des faiblesses, et
voyons-les plutôt comme des forces extraordinaires, des
richesses : nous n'aurons alors pas peur de ce que nous
sommes. La peur du lendemain est la peur de soi.

Lorsque nous nous faisons du souci au sujet de notre
avenir, c'est généralement à cause d'une préoccupation
tout actuelle que nous projetons dans le futur. Nous espérons que ce que nous souhaitons arrivera. Habiterons-nous
à la campagne ? Serons-nous installé dans un autre coin du
monde ? Serons-nous enfin amoureux ? Occuperons-nous
un poste enviable ? Comme nous avons une idée bien arrêtée de l'avenir, la crainte du futur nous permet de faire le
point sur notre vie actuelle et de nous assurer que nous
nous dirigeons bien vers ce à quoi nous aspirons.

N'ayez pas peur de rêver hors du temps. Vos rêves ne
font que vous montrer votre réalité. Chaque jour, prenez un moment pour entrevoir votre vie telle que vous
la désirez. En essayant de ne vivre que ce qu'il vous semble

possible, vous limitez vos rêves et restreignez votre vie à ce qui vous semble plausible ou, à la rigueur, vraisemblable. Mais vous êtes davantage.

Bien que le temps nous angoisse, nous nous interrogons davantage sur ce que nous devrions *être* que sur ce que nous devrions *vivre*. Nous ne cessons de nous comparer aux autres, de nous critiquer et de vouloir que les autres nous ressemblent. Nous craignons d'être différent d'eux. Pourtant, les différences existent, et elles sont aussi précieuses que la conscience.

Quand nous cherchons un autre nous-même, c'est en vain que nous le faisons, car il n'y a pas d'autre nous-même dans le monde, même si nous nous accrochons souvent à une insignifiante ressemblance qui nous donne l'illusion de ne pas être seul. L'angoisse de voir fuir le temps se rapproche beaucoup de celle d'être seul, séparé de tout autre humain, de ne pouvoir se fusionner éternellement à qui que ce soit, car rien ni personne n'est permanent.

Nous ne pouvons être en équilibre avec les autres que si nous ne voulons ressembler à personne. Ce qui nous différencie des autres espèces et des autres humains n'est pas notre nature comme notre capacité d'aimer. D'ailleurs, c'est elle qui détermine la nature réelle de notre relation au monde et la qualité de nos rapports avec les autres.

Le temps nous empêche d'être heureux, il est une limite que nous nous imposons. Nos souffrances nous paraissent éternelles, et nos bonheurs, éphémères. Les peines sont toujours trop longues et les joies trop courtes... Qu'est-ce qui vous fait croire qu'un jour de souffrance dans votre vie ne vaut pas mille ans de souffrances pour l'Homme et qu'un jour de bonheur dans votre vie ne vaut pas mille ans de bonheur pour lui ? Ne pensez qu'à être heureux. Le moment qui vous rend heureux est le seul qui importe.

La conscience élimine le temps. Moins nous sommes conscient et plus le temps compte ; plus nous sommes conscient, moins il a d'importance. Tel que la plupart le conçoivent, le temps fait vieillir les êtres et les choses. Il les use et les tarit, ce qui procure l'impression profonde que chaque chose a une durée limitée. C'est pourquoi nous nous lions anxieusement aux autres et aux choses. Notre beauté, notre bonheur, notre fortune, notre santé, nos talents sont éphémères parce que nous leur attribuons une durée.

Nous vivons dans le deuil et la peur : le temps nous enlève graduellement tout ce que nous avons. Il ne nous vient pas à l'esprit d'éliminer le temps de notre existence parce que au fond il justifie notre incapacité de vivre heureux : nous n'avons pas le temps. Il est notre excuse.

Notre conscience nous lie spontanément aux êtres et aux choses tandis que notre intellect évalue leur durée. La qualité de notre temps reflète la qualité de notre lien à nous-même, car le temps c'est nous-même selon nos activités, nos projets, nos rêves, nos liens, nos aspirations et nos regrets. C'est parce que nous ne nous identifions pas au temps que nous l'empêchons d'être nous-même. Lorsqu'il compte trop, c'est que nous ne comptons pas assez.

Nous savons tous exactement ce que nous avons à faire pour que telle situation ou tel événement se produise : il nous suffit d'être spontané. Notre spontanéité pourrait bousculer notre vie, nous le savons et nous préférons que rien n'arrive trop tôt, nous préférons le temps à notre spontanéité. Vivre spontanément dans le présent est avant tout une attitude, une façon de vivre qui met au premier plan l'activité présente. Ce que nous faisons maintenant sera toujours ce qui a le plus d'importance. Or, nous perdons le moment présent en pensant à ce qu'il serait plus urgent, plus agréable ou plus constructif de faire. Ce que nous sommes en train de faire aura toujours le plus d'importance parce que notre vie entière y est concentrée.

Lorsque nous perdons notre temps, nous le perdons uniquement par rapport à quelque chose, plus précisément par rapport à quelque chose à quoi il est associé. Nous perdons du temps-argent, du temps-amour, du temps-famille, du temps-amitié, du temps-repos, du temps-avancement, du temps-conscience... Dans cet esprit, le temps que nous perdons n'est pas du temps, c'est de l'amour, de l'amitié, du repos... Et lorsque nous perdons du temps par rapport à nos désirs, c'est le plus souvent par crainte d'être malheureux. Nous ne nous disons pas : « Ceci va me rendre heureux. » Nous nous disons : « Ceci *pourrait* me rendre malheureux. »

La normalité

La normalité témoigne d'une identité qu'on voudrait au-dessus de l'identité humaine, supérieure à elle ; notre identité humaine témoigne de notre identification à l'espèce humaine plutôt qu'à notre société ou à notre culture. Cependant, la normalité ne vise rien, elle est le résultat de la conscience collective. Tout ce qui est toléré dans une société fait partie de sa conscience sociale. Parfois, une seule conscience individuelle peut amener toute une civilisation à faire un retour sur soi.

Par contre, lorsque l'Homme est infériorisé par sa culture, il est certain que l'inconscience est grande. Notre conscience individuelle devrait pouvoir éclairer la conscience de tous. Notre propre conscience sociale doit dépasser notre conscience individuelle, et notre conscience individuelle doit dépasser notre conscience sociale dans un mouvement de perpétuel avancement. En devenant conscient de nous-même, nous devenons conscient des autres, et c'est ce qui augmente notre responsabilité personnelle dans le monde.

Cependant, pour la plupart des humains, la vie quotidienne est une soumission à la conscience de masse, non
à leur conscience propre. Plus l'écart est grand entre notre
conscience et celle de la masse, plus notre vie quotidienne
nous semblera dépourvue de sens et nous fera ressentir
le besoin de mener une vie qui nous ressemble, une vie
personnelle.

Pour mener une vie qui nous ressemble, nous devons
trouver ce qui nous correspond, c'est-à-dire ce que nous
aimons. Mener une vie répétitive, ce n'est pas mener
une vie personnelle, ni une vie consciente ; plusieurs
ne prennent pas conscience de la vie qu'ils mènent et
de leur aliénation passive. Être comme tout le monde,
c'est une aliénation, c'est placer la culture au-dessus de
l'Homme.

Nous doutons que notre conscience individuelle soit
réellement préférable à celle de la masse parce que la
standardisation, qui veut que le consensus passe avant
la conscience, est le fondement de l'éducation que nous
avons reçue. Avoir bonne conscience, c'est avoir fait notre
part, mais est-ce là pour autant un signe que nous avons fait
tout ce que nous pouvons ? Si notre culture nous fait douter de nous-même, c'est que notre conscience individuelle
dépasse celle de la masse. Autrement dit, lorsque notre
conscience dépasse celle de la masse, notre individualité
est en conflit avec nos habitudes, nos conditionnements
et nos obligations.

Nous éprouvons de la fatigue parce que, pour nous,
la normalité passe avant la conscience. Nous éprouvons
de la colère et de la haine parce que notre sens du devoir
dépasse notre conscience. Nous n'avons pas à imiter les

autres lorsqu'ils placent l'Homme après eux-mêmes à travers leur souci de « normalité ».

Nous commençons à être personnellement l'Homme quand nous dépassons la culture, et alors nous ne cherchons plus à être aimé pour nous-même et ne doutons plus de notre capacité d'aimer : aucune culture n'arrive à la cheville de l'Homme que nous sommes devenu. Le besoin d'être normal, qui est le besoin d'être aimé, en empêche plusieurs de croire en l'Homme. Croire en soi, c'est croire en l'Homme.

Quand notre conscience est libre de l'intériorisation des désirs des autres et de ceux du monde, elle n'entraîne plus d'éléments négatifs dans son sillage. Si nous sommes négatif, pessimiste ou fataliste, c'est que notre conscience n'est pas entièrement libre de celle des autres. La conscience culturelle est la plupart du temps négative pour nous, car rares sont ceux qui peuvent s'identifier à davantage. Si nous ne pouvons nous identifier à autrui, nous ne pouvons être un élément positif pour lui, et si nous doutons de lui, nous serons un élément négatif dans sa vie. Ceux qui doutent de nous ou nous redoutent n'ont pas pris le temps de se mettre à notre place. Ils ne voient pas l'Homme en nous, mais quelqu'un qui ne correspond pas à leur image mentale. Si l'aspiration à la normalité nous fait souffrir, c'est que nous ne nous identifions pas suffisamment à l'Homme, à son existence, à ses talents, à ses rêves, à ses sentiments. L'image que nous nous en faisons est plus réelle que lui. Nous vivons morcelé et perdu ; nous avons de la difficulté à aimer ce que nous sommes et à refuser ce que nous ne sommes pas.

N'allez toutefois pas croire que votre conscience individuelle dépasse votre propre conscience sociale. Pour vraiment savoir à quel point vous êtes conscient, demandez-vous jusqu'où s'étend votre conscience sociale. L'évolution de notre propre conscience devrait développer simultanément notre conscience des autres. N'allons pas croire que notre conscience individuelle est grande si notre conscience des autres ne l'est pas.

De plus, notre conscience des autres doit enrichir le groupe. Si nous excluons la conscience des autres de notre propre conscience, nous nous comportons en être égoïste, enfantin, et nous faisons une fixation sur nous-même.

C'est sûrement notre conscience des autres qui reflète le mieux notre conscience de nous-même. Celle-ci ne peut être élevée si elle ne donne pas lieu à une conscience sociale aussi élevée. Une conscience sociale élevée se manifeste par le respect de la vie intérieure des autres et une grande considération pour leur vécu.

Que voyons-nous chez les autres ? Leur misère ? Leurs problèmes ? Leurs forces ? Ou notre supériorité ? Le plus souvent, nous voulons voir chez les autres leur travail intérieur, l'expérience qu'ils ont de difficultés de vivre comparables aux nôtres. Si l'individualité n'est pas apparente, si la plupart en font un secret intime, c'est qu'elle ne reçoit l'assentiment de personne. Elle est à la fois la marque de notre courage et de notre dignité.

Qu'apportez-vous à votre société ? Et à l'Homme ? Ce que vous apportez à votre groupe, voilà ce qu'est vraiment votre conscience individuelle, le reste n'est que bonnes intentions.

Nous sommes à la fois directement et indirectement responsable de l'humanité. À son endroit, il est probable que nous adoptions une des deux attitudes suivantes : nous tentons de dominer ou simplement d'influencer. Toute personne capable d'influencer un groupe ou une nation est directement responsable de la liberté de ce groupe ou de cette nation. Si nous cherchons à influencer plutôt qu'à dominer, nous défendrons la liberté de toute l'humanité en nous portant à la défense d'un seul.

Si nous tentons de préserver la liberté de notre pays et ne nous soucions pas de la liberté de l'humanité, nous défendons alors nos propres intérêts. La liberté de l'humanité est celle de tous, non celle d'un groupe particulier. Aussi, chaque personne en mesure d'influencer le monde est directement responsable de la liberté de tous et non de la seule liberté des siens. Elle est aussi directement responsable si elle n'agit pas.

Si vous gouvernez et que vous n'avez aucune liberté intérieure, vous imposez aux autres votre ignorance et votre manque d'intelligence. En effet, comment pourrez-vous être intelligent face au reste de l'humanité si vous ne l'êtes pas dans vos propres affaires ? Nous devons cependant tous trouver des solutions aux problèmes de l'humanité et cesser de penser que cela ne nous regarde pas : nous sommes directement responsables de ce que nous pourrions faire.

En vivant consciemment, nous cherchons à résoudre le problème de notre vie individuelle et celui de la vie collective. La vie individuelle exige de notre part le développement de nos propres facultés et de nos propres particularités. C'est pour cette raison que nous devons communiquer, réfléchir afin de transformer notre vie quotidienne en une expérience qui nous rend conscient et lucide. Lisez, apprenez, écrivez, discutez. Si vous ne répondez pas à vos questions, comment pourrez-vous vivre avec l'intelligence des réponses qu'il vous faut ?

La vie collective exige pour sa part l'affinement de nos mœurs et de nos tendances vers un fonctionnement toujours plus élevé. Pour être consciente, la collectivité doit se composer d'individus conscients. Si la proportion de ceux-ci est infime, la conscience collective le sera tout autant. Alors, cette tâche de mieux vivre collectivement est d'abord individuelle ; la conscience collective est la responsabilité de chacun.

Notre tranquillité sociale s'appuie sur le conformisme et la bonne conscience qu'il procure. C'est grâce au conformisme que le monde dans lequel nous vivons est un lieu prévisible. Chacun y trouve sa place et sa valeur de manière prévisible. Lorsque notre conformisme ne nous fait plus de place dans la société et qu'il ne nous garantit plus notre valeur, nous commençons à « quitter » la conscience de masse. Notre tranquillité psychologique provient d'ailleurs souvent du fait que nous ne « sortons » jamais de la conscience sociale de notre société.

Notre sécurité psychologique est donc fortement reliée à notre conformisme. Nous vivons à l'intérieur des limites de notre sexe, de notre race, de notre nation, de notre profession, de notre religion, de nos valeurs, de nos croyances... Chaque idée, chaque croyance est une limite. Nous pensons que nos allégeances et nos valeurs nous rendent plus indépendant, mais ce n'est pas le cas. La véritable sécurité psychologique découle plutôt du fait de n'appartenir à rien, sauf à la vie, sans discrimination.

Si vous voulez la sécurité psychologique, n'appartenez à rien, à aucune idée, à aucune émotion, à aucune croyance. Vous pensez que vos idées vous appartiennent, que vos sentiments et vos valeurs vous appartiennent, mais si vous les défendez, c'est vous qui leur appartenez. Cependant, n'y résistez pas, vivez-les.

Pour exister, nous devons affirmer notre existence, soit à travers le conformisme, soit à travers l'audace. Beaucoup de parents trouvent inacceptable que leur bébé affirme son existence autrement que par le conformisme, car ils veulent le contrôler. D'ailleurs, la plupart des parents ne font pas de distinction entre éduquer leur enfant, le contrôler et le négliger. Quiconque se laisse contrôler par autrui, même si ce n'est qu'un enfant, devient à ses propres yeux un être inacceptable. Il est cependant plus facile de contrôler les autres que de contrôler sa vie. Ceux qui s'acceptent ne se laissent pas contrôler par les autres, ils s'affirment.

Il nous serait certainement plus facile de nous individualiser si, dès le début de notre vie, notre vie intérieure retenait plus l'attention de notre entourage que leur plaisir de normaliser, étape par étape, notre existence. Nos parents sont contents de nous voir grandir comme les autres bébés, marcher aussi vite qu'eux, être propre aussi tôt que les autres, manger seul comme eux, faire la sieste, être gentil comme tout le monde. Par contre, si on disait à un parent : « Vous allez avoir un enfant qui est comme tout le monde, sans plus », il en serait offensé ou penaud et probablement très malheureux. Peut-être se sentirait-il perdant ou ordinaire. Chaque parent veut que son enfant soit unique, qu'il soit le plus beau, le plus intelligent, le plus curieux, le plus courageux... Pourtant, dès que son enfant veut l'être, il commence à le traiter comme s'il était effectivement comme tout le monde : il le contrôle, le dévalorise et l'invalide. Par contre, si un professeur ou un parent lui laisse entendre que son enfant est comme tout le monde, il est aussitôt vexé. Les parents sont à l'extérieur de la vie de leur enfant parce qu'ils ne voient pas sa vie intérieure.

Mais, en même temps, la plupart d'entre nous admettent facilement que nous soyons tous différents. En fait, cela ne nous pose un problème que lorsque l'un de nous entend le rester ! En nous individualisant, c'est justement ce que nous tentons de faire : rester différent sans être notre différence. Mais cela est exigeant pour les autres. Ils doivent faire preuve d'ouverture, de souplesse, de maturité... Non seulement nous n'éprouvons pas de bienveillance pour la différence des autres, mais nous ne voulons même pas qu'ils soient différents de nous ! En nous conduisant de la sorte, n'avouons-nous pas qu'être parfaitement l'Homme de manière personnelle est trop difficile à supporter ?

Plusieurs d'entre nous tentent de limiter leur existence à leur corps, à leur travail, à leur maison ou à leur famille, menant souvent une vie de plus en plus dénuée de sens. Le sens de notre vie, nous le cherchons tous, un jour ou l'autre. Notre vie ne peut avoir de sens que si nous nous aimons profondément nous-même et que nous voyons dans la vie notre propre vie, et dans notre être, l'Homme.

Nous faisons peu de cas de la noblesse de notre rang dans la création. Nous concluons avec arrogance que nous sommes bien peu de chose dans l'univers. Nous vivons sans grandeur et sans dignité. La liberté que nous cherchons, elle ne nous viendra pas de l'extérieur, elle est intérieure. C'est nous qui devons la retrouver.

Pour retrouver notre liberté intérieure, nous devons dépasser la normalité et, pour cela, il faut nous donner à nous-même et aux autres le droit d'être différents. Le droit d'être unique, c'est le droit de penser, d'aimer, de réagir, de ressentir et de s'exprimer comme personne d'autre. Le droit d'être unique, c'est le droit de vivre, c'est le droit d'être. Dès que nous nous attendons à ce qu'un autre nous ressemble, nous perdons notre liberté intérieure. Aussitôt que nous essayons de ressembler à ce qui est attendu de nous, nous avons perdu notre liberté intérieure.

La liberté intérieure de chacun reflète sa capacité de s'aimer, sa capacité de choisir sa vie et de suivre son cœur. Qui suit son cœur est intérieurement libre. Celui qui pense par lui-même honore sa liberté intérieure.

Nous nous percevons comme étant dépendant, soumis, faible, influençable, hésitant et, pourtant, aucun être sur terre n'a plus d'autonomie intérieure que l'Homme. Une émotion peut transformer notre vie, une nouvelle perception peut bouleverser toute notre façon de voir et une action peut changer complètement notre destin.

Notre autonomie intérieure est immense : personne ne peut nous contraindre à faire ce que nous ne voulons pas faire, personne ne peut nous forcer à changer. Notre liberté psychologique tient à nous.

Être, c'est ne plus douter de cela : personne ne peut véritablement nous forcer à abandonner ces forces que sont notre propre pensée, nos propres sentiments et notre propre façon d'agir. Nous parlons d'instincts et de conditionnements bien ancrés, mais cela est secondaire du point de vue de notre liberté psychologique. Tout ce que nous sommes à la fois profondément et superficiellement représente notre entière liberté.

C'est en s'aimant lui-même qu'un être échappe à la normalité. Lorsqu'un être s'aime, il ne se laisse pas contrôler. Ainsi, pour contrôler quelqu'un, faut-il l'empêcher de s'aimer. Nous empêchons quelqu'un de s'aimer en voulant le transformer, en voulant qu'il soit à notre image. Souvent, l'amour que nous témoignons aux autres n'est possible que grâce au refoulement de notre colère, une colère dans laquelle ils nous mettent en étant différents de nous. La normalité nous empêche de nous aimer plus profondément car, en devant ressembler à tout le monde, nous nous mettons à croire à notre « petitesse ».

C'est nous qui inventons notre petitesse en nous soumettant à plus grand et à plus petit que nous. Notre petitesse n'existe pas. Sur quoi la fondons-nous, sinon sur des choses que nous pourrions changer : notre conformisme, notre manque d'éducation, d'argent, de reconnaissance, de santé ou d'amour ?

Notre normalité n'est pas à l'image de l'Homme, mais à l'image des limites que nous lui imposons : celui qui se voit petit méprise ce qui est petit et ce qui est grand. Nous n'avons d'autre raison d'être normal que d'oublier notre grandeur et la refuser. En fait, la normalité n'existe pas ; il n'y a que des êtres qui ne sont pas créatifs.

Pour nous libérer du poids de l'infériorité que nous impose la normalité, il faut d'abord nous aimer nous-même. Si nous ne nous aimons pas comme humain, pouvons-nous aimer ?

L'égalité

Tant que nous ne définirons pas la guerre comme étant un acte primitif et révolu, il n'y aura pas de nouvel ordre social ou mondial possible. Nous avons toujours réglé nos différends en ayant recours à la guerre entre groupes. Un nouvel ordre mondial marquerait la fin de la guerre et le début des solutions de groupe, des solutions collectives et mondiales.

Le nouvel ordre mondial est un nouvel ordre de pensée : tant que l'homme et la femme continueront d'être des ennemis, l'ordre du monde ne pourra pas changer. Les hommes ont inventé leur supériorité comme les femmes ont inventé leur infériorité. Comment pouvons-nous penser que, chez les humains, le sexe féminin soit inférieur au sexe masculin, alors qu'en étudiant les autres espèces vivantes nous ne pensons à aucun moment que la femelle vaut moins que le mâle ?

Tant que les idées des femmes ne seront pas prises en compte, c'est non seulement la moitié de l'humanité qui ne comptera pas, mais toute l'humanité. Tout homme, qu'il soit politicien, scientifique, économiste, philosophe ou juge, ne peut pas être un homme sincère s'il se croit supérieur à la femme. Tout homme qui ignore la condition féminine imposée par les hommes ne peut être un homme sincère.

Les relations qu'entretient chaque individu avec les membres de l'autre sexe ne sont en fait que le reflet de son lien à la vie. Nos rapports mutuels sont avant tout un rapport à la vie, à la vie en tant qu'homme ou femme. Quand nous estimons que nous valons plus que l'autre, nous maintenons avec lui un rapport de force. Nous voulons davantage de pouvoir sur lui. Dans notre esprit, nous avons raison, il a tort. Mais quel rapport de force pouvons-nous avoir avec la vie ? La vie n'est-elle pas infiniment plus grande que nos croyances ?

Chaque individu maintient avec l'autre sexe un rapport de force ou d'égalité. Chacun veut sur l'autre davantage de pouvoir ou d'égalité. Mais quel rapport de force pouvons-nous avoir avec la vie, qu'elle se présente sous les aspects d'un homme ou d'une femme ?

La femme et l'homme représentent infiniment plus qu'une « tendre moitié » l'un pour l'autre : chacun est la moitié de la Vie dans tous ses aspects. Combien de femmes et d'hommes ne mènent que des demi-vies parce qu'ils refusent d'aimer l'autre moitié de leur vie !

Les autres

Chacun veut que les autres lui ressemblent, et c'est là la source de bien des conflits, petits et grands. En voulant que les autres nous ressemblent, nous affirmons que nous leur sommes supérieur ou que notre culture est plus valable que la leur.

Nous déplorons la dépendance culturelle des autres et leur asservissement à des dogmes et des traditions qui ne sont pas les nôtres, et nous jugeons sévèrement leur manque de lucidité. Faisons-nous mieux ? Sommes-nous plus indépendant du monde extérieur que ceux qui sont différents de nous ? Avant que nous l'emportions sur notre propre subordination, peu importe où nous nous trouvons dans le monde, nous aurons eu à risquer notre vie, psychologiquement, et parfois même physiquement, pour seulement quitter le chemin le plus fréquenté du monde : celui de la peur enfouie au cœur de notre liberté.

Plusieurs sont satisfaits de leur vie, de leur milieu, de leur travail, mais peu sont satisfaits d'eux-mêmes. Pourquoi nous est-il si difficile d'être satisfait de nous-même ? Il y a une raison que nous voulons ignorer :

nous sommes relié aux autres. Par conséquent, il nous est impossible de limiter à nous-même notre satisfaction et notre insatisfaction.

Il nous est difficile d'être satisfait de nous-même en étant sensible à la souffrance des autres et en reconnaissant en nous-même le désespoir de plusieurs. N'oublions pas que toutes les expériences humaines passent à travers nous.

Souvenons-nous que personne ne cherche à devenir plus petit qu'il ne l'est et que notre grandeur intérieure repose en grande partie sur notre confiance en la liberté et la dignité de chacun. Nous inquiétons-nous des arbres, des fleurs, des abeilles, du vent, des gratte-ciel, des étoiles et des ponts ? Nous leur faisons confiance. Alors, que dire des humains, tous nés humainement égaux et dans le seul but de le rester ?

L'intérêt qu'on nous porte et celui que nous portons aux autres ne sont souvent rien de plus que de la méfiance. Lorsque nous nous méfions des autres, nous leur imposons nos pensées, nos sentiments, nos espoirs, nos buts et nos valeurs. Lorsque nous imposons notre conscience à quelqu'un d'autre, c'est une conscience limitée que nous imposons, une conscience qui n'est ni complète ni totalement réalisée. Notre méfiance fait de nous des gens qu'il serait préférable d'éviter, alors que notre confiance envers les autres ferait de nous des personnes qu'il leur faudrait trouver. La conscience ne peut se réduire à une partie d'elle-même : la nôtre !

La plus grande source de satisfaction personnelle n'est pas la réussite ni la notoriété, mais l'humilité avec laquelle nous vivons tout. L'orgueil nous rend tous ridicules, condescendants et arrogants. Tout ce que nous entreprenons mû par l'orgueil nous rend plus vulnérable et fragile. La seule satisfaction que nous procure l'orgueil provient de notre haine, car lorsque nous rabaissons quelqu'un et l'humilions, nous vivons notre haine. La haine ne donne de satisfaction qu'à l'orgueilleux. Autrement, nous en sommes malheureux. Nous sommes devenu humble lorsque nous considérons que notre vie ne vaut pas plus que celle d'un autre et que la vie des autres vaut tout autant que la nôtre. L'humilité ne consiste pas à s'effacer, mais à avoir de la considération, pour les autres comme pour soi.

Lorsque nous cessons de reprocher un défaut aux autres, nous nous en libérons par le fait même. Lorsque nous ne jugeons pas, le défaut perd son emprise sur nous, ainsi que tous les sentiments pénibles qui lui sont associés. Nous savons comment nous voulons que les autres se conduisent à notre égard ; c'est ainsi que nous devrions être avec eux. Si nous ne voulons pas recevoir de conseils, alors n'en donnons pas. Si nous ne voulons pas être critiqué, ne critiquons pas. Si nous ne voulons pas être regardé de façon hautaine, ne regardons pas les autres de haut. Si nous ne voulons pas être psychanalysé, ne psychanalysons pas notre entourage. L'esprit de communauté, c'est de ne pas faire aux autres ce qu'on ne voudrait pas qu'ils nous fassent.

Face aux autres autant qu'à soi-même, le silence est souvent préférable à des paroles inutiles... Le plus sage des silences et la plus sage des paroles sont inspirés par la conscience profonde que nous ne pouvons pas être un modèle pour qui que ce soit. Ne cherchez donc plus à être un modèle pour qui que ce soit. Soyons parfait pour nous-même et pour personne d'autre. Notre seule perfection est dans tout ce que nous faisons qui nous réalise, elle n'est pas dans un modèle.

Nous ne savons que dire à notre sujet et parlons souvent sans rien révéler. Nous craignons souvent d'être jugé par les autres parce que nous nous jugeons nous-même. Pourquoi ne disons-nous pas ce qui est au fond de notre cœur plutôt que ce que nous avons sur le cœur ? Parce que nous livrons difficilement notre intimité, notre individualité aux autres. Qu'est-ce qui pourrait nous rendre davantage humain ?

Toutefois, pour savoir se taire et savoir parler sagement, il faut savoir écouter. L'intérêt que les autres nous portent suscite souvent chez nous une sorte de gêne et de pudeur. C'est que lorsque nous nous dévoilons, nous nous demandons en même temps si nous sommes en train de dire la vérité. S'affirmer, c'est affirmer sa vérité et celle-ci n'est jamais définitive. Lorsqu'un autre parle, il cherche sa vérité et il nous la communiquera si nous savons bien l'accueillir. La plus belle chose que nous puissions offrir à qui que ce soit est la liberté. Quoi de plus agréable que de savoir qu'on se sent en liberté en notre présence ?

Pour laisser les autres libres, il faut que nous-même le soyons. Cependant, nous ne trouvons pas tous notre liberté de la même manière. Plusieurs demeurent indéfiniment des enfants qui attendent tout de leurs parents. Les adultes qui s'attardent dans l'enfance attendent tout des autres : sensibilité, gentillesse, sympathie, amour, compréhension, soutien, encouragements, sécurité, aide, pardon, gratuité, tolérance… La liste est infinie. Et, le plus souvent, ils attendent tout cela d'une seule personne, d'un sauveur.

Si vous êtes resté un enfant, vous avez la certitude que les autres doivent tout faire pour vous. Vous resterez un enfant tant que vous vous attendrez à être aimé plutôt que d'aimer.

Pour l'enfant, aimer c'est recevoir. Pour le parent, aimer c'est donner. Combien continuent de recevoir sans donner ! Et combien continuent de donner sans recevoir ! Ne prenez pas à votre compte l'évolution des autres car elle leur revient. Évoluer, c'est trouver sa liberté, ce n'est pas la donner aux autres.

La liberté des autres est-elle apparente ? Leur conscience est-elle apparente ? Regardez les gens marcher dans la rue ; leur conscience est-elle visible ? L'apparence d'un être révèle-t-elle sa conscience ? Sa démarche ou son discours révèlent-ils sa conscience ? Lorsque nous respectons la conscience d'un être, nous respectons quelque chose d'invisible et de volatil. Nous ne pouvons voir ni la conscience, ni l'âme, ni le passé, ni le futur d'un être, et nous voudrions les traduire pour lui ? C'est d'autant plus difficile que nous sommes prisonnier de notre propre conscience, nous ne pouvons voir que ce qui y correspond.

Pouvons-nous respecter l'invisible alors que nous respectons si difficilement ce qui est tangible : le corps, l'expression et la propriété ? Chacun n'a qu'une liberté : la sienne. Nous ne pouvons donner la nôtre sans la perdre. Que chacun vive de sa liberté et non de celle des autres. Nous sommes libre et nous n'avons pas à libérer les autres. Nous n'avons qu'à assumer notre propre liberté, notre propre conscience, et à permettre à celles des autres de se développer.

Avoir un amour élevé pour soi-même, c'est avoir un grand respect pour tout. Quand un être éprouve un amour élevé pour lui-même, il éprouve le même amour pour les autres ; chacun traite les autres comme il se traite lui-même. Lorsque nous aimons profondément notre liberté, nous aimons profondément celle de chacun et cessons de vouloir changer qui que ce soit, nous cessons par surcroît d'éprouver de la pitié pour les autres.

Le premier amour que nous faisons naître en l'autre n'est pas l'amour pour nous, mais l'amour pour lui-même, et c'est grâce à cet amour qu'il nous aimera sincèrement.

Chaque fois que nous nous mettons à la place de quelqu'un, notre amour pour lui augmente, car l'amour naît de l'empathie. Quand nous nous identifions à l'autre pour le comprendre de l'intérieur, sans nos jugements et notre intellect, nos barrières tombent. L'autre sait alors qu'il a devant lui quelqu'un capable d'aimer. Rappelons-nous : plus notre empathie est grande, plus l'est notre capacité d'aimer.

Notre vraie liberté correspond à notre capacité d'aimer. Car, pour en aimer un autre, nous devons être plus que nous-même ; nous devons être simultanément lui et nous-même, ce qui n'est possible qu'en suspendant le jugement et la pensée. L'identification à l'autre, la mère à son enfant, le père à son enfant, est le premier lien d'amour qui s'établit entre eux. Sans empathie, le parent ne répond pas adéquatement aux besoins de son enfant ni à ceux de l'autre parent. Le parent sait qu'aimer son enfant n'est pas seulement un sentiment, mais que son amour est sa capacité à être simultanément lui-même et l'enfant. Nous n'aimons pas différemment les autres. Notre compassion et notre bienveillance dépendent entièrement de notre capacité à saisir la réalité d'un autre de l'intérieur, sans les mots, sans l'analyse, simplement en nous mettant à sa place. Voilà ce qu'est notre conscience des autres : l'empathie. L'identification à un autre est intellectuellement impossible. Nous ne pouvons être nous-même et l'autre à travers nos jugements et nos interprétations.

Le corps

Plusieurs n'acceptent pas la dimension physique de leur personne. Pourtant, notre conscience passe par notre corps et par nos émotions et les sensations qu'il génère. Si nous refusons nos émotions, nos sensations et nos sentiments, ce n'est donc pas notre corps que nous refusons, c'est notre conscience.

Nous essayons de vivre sans notre corps, de manière intellectuelle, désensibilisée. Notre corps vieillit et meurt, mais la perfection passe par lui. Celui qui rend son corps grotesque, laid ou malade sera hanté par lui parce que son corps est le lien le plus étroit qu'il entretient avec lui-même et avec le monde. Notre conscience, nos sentiments et nos aspirations s'expriment tous par l'entremise de notre corps. Si nous n'aimons pas notre corps ou si nous en avons peur, comment pourrions-nous aimer les expériences vécues par lui, même les plus heureuses ?

Le corps est noble, c'est notre ignorance qui l'avilit. D'ailleurs, aucune société n'est aussi bien organisée et efficace que celle des cellules. Chaque partie de notre être, de notre corps a sa propre conscience. La conscience ne lui fait pas défaut. En fait, notre corps est plus conscient du monde extérieur et intérieur que nous le sommes nous-même. Si nous en étions convaincu, nous le regarderions avec plus de déférence et serions plus attentif à ce qu'il sait et que nous ignorons. Nous l'écouterions bien sagement ! L'investigation de l'inconscient passe par lui ; la parole ne fait que traduire ce que le corps sait. La psychologie des profondeurs et la psychologie subliminale ont démontré que nous captons les informations du monde extérieur. Parce que notre corps fonctionne sous le seuil de la conscience, à un niveau subconscient et inconscient, il en sait long sur les autres et sur nous. Nous pouvons lui mentir, mais lui ne ment pas !

Ce que nous appelons « inconscience » est un état de séparation initial, figé dans le fait de voir notre corps comme un instrument de plaisir ou de douleur plutôt que comme un informateur. Notre corps ne cache rien de nous aux autres et capte tout de notre environnement. L'inconscient est toute cette information indéchiffrée que nous accumulons et transportons avec nous en toute innocence. Se croire étanche, à l'abri des désirs et des sentiments des autres, à l'épreuve de leurs pensées les plus intimes, est donc une belle illusion. Nous sommes tous, à notre insu, de puissants capteurs de l'inconscient des autres. Par conséquent, ce que nous nous faisons à nous-même, c'est autant aux autres que nous le faisons, car ils nous canalisent. La mésintelligence de notre corps nous dissimule ce fait. La psychologie des profondeurs étant moins en vogue, nous passons à côté d'étonnants messages indéchiffrés. Si nous considérions que notre corps a besoin de nous dire quelque chose d'important sur nous et sur les autres, nous nous empresserions certainement de l'écouter...

Nous avons beau nous croire indépendants les uns des autres, vivre dans la plus belle indifférence et la plus grande liberté, notre insensibilité n'est pas réelle. L'absence de vie intérieure reflète donc notre degré d'insensibilité psychologique aux connaissances qu'engramme notre corps. Considérez-vous dorénavant comme psychologiquement insensible si vous attendez que les autres changent avant que vous-même ne changiez. Considérez-vous comme psychologiquement insensible si vous attendez que quelqu'un ou quelque chose vous change à votre place. Considérez-vous comme psychologiquement insensible si vous ne vous aimez pas. Par-dessous tout, considérez-vous comme insensible si vous n'êtes ni joyeux ni accueillant envers tout ce que vous proposent vos expériences, car les autres en bénéficient autant que vous, inconsciemment. Si nos corps savent déjà ce que nous ne savons pas encore, psychiquement, nous faisons Un.

La santé

Habituellement, ce qui nous rend malade nous rend malheureux ou insensible. Si nous observons soigneusement ce qui nous rend malheureux ou insensible, nous verrons donc aussi ce qui altère notre santé.

Ce n'est cependant pas le fait d'être malheureux qui nous rend tôt ou tard malade, c'est le fait d'être insensible, c'est tout ce que nous faisons aux autres pour les rendre malheureux parce que, pour être en paix avec nous-même, nous devons être en paix avec eux. Le tort que nous faisons aux autres, c'est donc d'abord à nous-même que nous le faisons. Lorsque nous en voulons aux autres, lorsque nous sommes en froid avec nos proches, notre santé s'en ressent et cela peut même entraîner une maladie.

Nos gestes omis sont aussi importants que nos actions. Ainsi, s'il est dommageable à quelqu'un que nous ne lui témoignions pas notre amour, notre santé pourrait s'en trouver affectée. Si nous faisons du tort en n'étant ni affectueux ni respectueux, notre santé s'en ressentira. Si nous empêchons quelqu'un d'être heureux, notre santé en portera le fardeau. Si nous suivons notre cœur et notre âme, nous serons en santé... La passivité et l'indifférence peuvent nuire tout autant que le recours à la force et à l'affrontement.

Nous avons réduit la santé à un simple éventail de bonnes habitudes alimentaires et physiques, à l'expression de nos sentiments, à la génétique et à l'environnement. Nous avons cependant oublié que notre santé est directement reliée à la réalisation de nos capacités. Dans cette perspective, si nous sommes capable d'aimer, nous nous rendons malade en n'aimant pas. Et si nous sommes capable de penser et de parler, nous nous rendons également malade en ne pensant pas et en ne prenant pas la parole.

La passivité est la source d'un grand nombre de maladies et de fléaux. Considérez-vous comme passif si vous ne vous aimez pas. Par-dessus tout, considérez-vous comme passif si vous n'êtes ni joyeux ni accueillant envers ce que vous proposent vos expériences.

L'hostilité est un état de passivité : la personne hostile attend que les autres changent. L'autocritique indue et le doute de soi sont aussi des états de passivité, donc des situations propices au développement de la maladie. Examinez vos états négatifs et vous verrez qu'ils découlent souvent d'une attitude passive, attentiste. La jalousie, l'envie, la cupidité, la gourmandise, la promiscuité, la tristesse, le pessimisme, le matérialisme sont tous des états passifs. Votre déni au regard de gestes créatifs, positifs que vous pourriez faire engendrent la maladie en vous détournant de ce bien qui pourrait vous guérir.

Est-ce si terrible de faire en sorte que notre corps nous parle et que nous l'écoutions ? De quoi naîtront la vraie sympathie et la chaleur sincère, si ce n'est de notre capacité à toujours nous comprendre davantage ? Si nous espérons que ce que nous estimons le plus de la vie vienne des autres, c'est que nous nions nos capacités. Quand tout ne dépendra que de nous et que nous n'attendrons plus que l'intelligence, le discernement, la paix, la joie, l'amour et la sagesse viennent des autres, nous aurons alors accepté notre propre responsabilité dans notre bien-être et aurons foi en ce que notre corps peut accomplir pour nous et pour les autres. Notre corps est un moyen de communiquer et d'aimer.

Si nous ne vivons pas nos émotions, nous menaçons notre santé et, peut-être, celle de quelqu'un à qui nous tenons. Si nous ne vivons pas notre peine, notre tristesse, notre colère, notre frustration, notre hostilité, notre joie et notre peur, elles resteront en nous et une maladie tentera de les exprimer pour nous ou quelqu'un que nous aimons. Ne craignons pas nos émotions, l'émotivité a une fonction de continuité dans notre histoire. Sans nos émotions, combien de prises de conscience seraient hors de notre portée ! Nos émotions nous rendent la vie humaine plutôt qu'inhumaine.

On nous a fait croire qu'il est honteux d'être malheureux, triste, en colère et d'avoir peur. Nous agissons comme si nos émotions négatives étaient un déshonneur ou l'expression d'une faiblesse. Nous entretenons l'idée qu'elles peuvent empoisonner notre existence et celle des autres. Nous confinons donc en nous-même tout ce qui permettrait à notre histoire de se poursuivre comme il se doit...

Le refus de nos émotions, de notre intelligence sensible de la vie modifie profondément notre destin. Peut-être pensons-nous avoir évité le pire en refoulant telle émotion ou telle autre ? Si nous n'écoutons pas notre cœur, nous modifions notre destin. Beaucoup d'êtres humains ne sont pas en relation avec les personnes qu'il leur faudrait parce qu'ils ne veulent pas écouter leur cœur. Ce que nous appelons notre destin, c'est le plus souvent un refus de notre destin. Si nous ne suivons ni notre cœur, ni nos émotions, ni nos sentiments, nous ne vivons pas notre destin.

La maladie correspond souvent au refus de notre véritable destin. Si nous ne suivons pas nos sentiments, nous refusons notre destin. Rares sont ceux qui vivent leur destin. Nous justifions nos malheurs et nos égarements par des déterminations plus grandes que nous, mais nous faisons fausse route en recourant à un tel alibi pour justifier notre manque de courage émotionnel. Le chemin du cœur est le chemin de notre destin. Tout autre chemin nous en écartera.

Plusieurs d'entre nous sont malades parce qu'ils ont consacré toute leur vie à faire ce qu'on attendait d'eux. Ce n'est pas étonnant : pour être normal, nous devons nier que nous sommes souverain, l'égal de nous-même. Pourtant, nous n'oublions jamais complètement que nous sommes unique, et d'ailleurs notre mal de vivre nous le rappelle sans cesse. Notre difficulté de vivre provient du fait que nous soumettons gauchement notre vie à des lois, des idéaux, des traditions, des rôles, des idées, des principes. Pour être en santé, il faut être libre et heureux de l'être.

Lorsque vous êtes malade, vous pouvez toujours le sentir à votre difficulté de vivre « normalement », à votre baisse de vitalité, non seulement physique mais aussi psychologique et spirituelle. Les premiers signes d'une maladie sont le désenchantement et la perte du plaisir habituellement retiré des activités de la vie courante. La perte de la joie de vivre et le désenchantement ne causent pas la maladie en eux-mêmes, mais ils en sont souvent les signes avant-coureurs. Bien entendu, si ces avertissements ne sont pas pris au sérieux, une maladie pourra survenir.

La perte de la joie de vivre et l'incapacité d'aimer sont généralement les premiers signes de maladie, que nous avons tendance à négliger ; c'est pourquoi notre situation ne peut que s'aggraver. Lorsque nous ne comptons pas à nos propres yeux, c'est d'abord l'allégresse que nous perdons. Si nous n'éprouvons plus de joie dans notre travail, dans notre relation amoureuse, dans notre vie familiale, dans notre demeure, dans notre quartier, c'est que nous ne comptons pas et que nous ne sommes plus résolu à vivre, à être heureux.

Lorsque vous soignez votre corps, n'oubliez pas de soigner votre tristesse, votre désenchantement, votre colère, en les comprenant, tout simplement. Le maître guérisseur est notre sympathie pour absolument tous les aspects de nous-même. Cependant, nos sentiments, nos émotions, nos traits de personnalité, nos penchants, nos habitudes sont plus que des aspects de nous-même : ils sont notre relation à nous-même vécue sous différents angles. Si nous n'aimons qu'un aspect de notre relation à nous-même, nous ne nous aimons pas.

L'amour pour nous-même est plus qu'un sentiment, c'est une force puissante. Lorsque nous aimons un aspect de nous-même, nous l'intégrons. Si nous ne sommes pas puissant, c'est que nous n'aimons pas tout de nous, mais uniquement ce qui nous plaît.

Si nous nous aimions complètement, nous serions un être intégré et nous aurions moins de conflits intérieurs. C'est parce que nous sommes fragmenté que nous vivons autant de conflits : nous sommes en lutte contre nous-même, contre nos expériences. Or, nos sentiments, nos qualités, nos défauts, nos peurs font partie de notre relation à nous-même.

La maladie survient parce que nous ne sommes pas intégrés, parce que nous n'aimons pas notre soi, l'Expérimentateur. Si, jusqu'à présent, nous nous sommes représenté nos sentiments ou nos traits comme des réactions ou comme de simples émotions, nous avons manqué l'occasion d'y voir notre magnificence, qui se retrouve dans l'Expérimentateur, non dans l'expérience en soi, ou les « sois temporels » liés à nos différentes expériences. Peut-être ne faisons-nous l'expérience de l'Expérimentateur qu'à travers nos multiples expériences et c'est seulement en nous aimant que nous pouvons les intégrer. Dès que nous nous aimons, l'Expérimentateur prend le dessus sur l'expérience. Notre volonté de vivre heureux puise donc sa force dans l'amour que nous nous témoignons.

Le plus souvent, nous ne prenons conscience de notre volonté de vivre que lorsqu'il nous faut lutter pour notre survie. Lorsque tout va bien, nous n'avons pas conscience de ce qui passe à travers nous. Si vous vivez sans entrain, morose, terne, apathique et écrasé, vous vivez sans bonheur de vivre. Si vous avez de l'entrain, que vous êtes joyeux, énergique et resplendissant, vivre est pour vous un bonheur. Celui qui vit bien ne se sent ni condamné, ni persécuté par la vie.

Notre santé est directement influencée par notre volonté de vivre heureux. Si nous n'avons pas de but, si nous sommes passif et que nous n'avons pas trouvé un sens à notre vie, nous ne vivons pas. La volonté de vivre heureux est donc fondamentale, et pourtant elle est rarement abordée comme essentielle à la guérison, sauf par les médecins ouverts à la vie intérieure de leurs patients.

La volonté de vivre heureux n'est pas un don : nous n'en héritons pas tous à la naissance. Des obstacles trop grands en ont poussé certains, très tôt dans leur vie, à perdre leur amour de la vie et la foi en le bonheur et à se laisser ballotter par les événements de leur vie. Ne perdez pas de vue que, si vous êtes vivant, c'est que vous choisissez de vivre. Si, à la naissance, alors que vous étiez démuni et impuissant, vous avez eu le pouvoir de choisir la vie, n'avez-vous pas encore tous les pouvoirs ?

Lorsque nous avons perdu la volonté de vivre heureux, nous avons déjà perdu la santé. Notre santé n'est pas fragile. De même, notre corps ne fait que nous obéir, il n'a pas de but par lui-même. Si nous haïssons, il souffrira de notre attitude. Si nous aimons, il adoptera notre amour. Notre corps est notre fidèle serviteur. C'est seulement lorsque nous sommes malade qu'il semble être notre maître.

La vie ne reçoit pas suffisamment d'égards de notre part ; elle est tout ce dont nous sommes capable et nous avons peu d'égards pour nos capacités. La vie est-elle l'arbre ? est-elle la fleur ? le corps ? La vie est ce qui relie l'un à l'autre, le corps et la fleur, l'arbre et le sourire... Et pourtant, quels égards reçoivent-ils de notre part ? L'homme pollue l'air, l'eau, la terre et bientôt peut-être le soleil. S'il détruit tout ce à quoi il est relié, c'est lui-même qu'il détruira.

Nous avons appris à tout dissocier de nous-même, à tel point que nous sommes devenu étranger à tout. Si nous pouvons vivre, c'est que la composition de notre corps est en équilibre avec les quatre éléments. Nous avons affecté cet équilibre et perturbé les éléments, puis nous avons perturbé notre corps. La fatigue, l'épuisement, la dépression, l'irritabilité, le découragement et les maladies sont le résultat de notre inconscience collective.

Notre fatigue et notre dépression nous poussent à rechercher une solution dans l'excitation et la surstimulation : bruits de toutes sortes, télévision, radio, jeux vidéo, substances enivrantes, suralimentation, promiscuité… Plutôt que de nous réveiller grâce à des substances, de ressusciter des « morts-vivants » par les bruits, éveillons-nous doucement à la vie par le silence, le calme, la beauté des choses, la simplicité et la transparence.

Il nous est devenu bien pratique d'employer le mot « stress » pour décrire nos difficultés à vivre. Mais si on troquait le concept de stress contre celui d'insouciance ou de désordre, nous le trouverions moins attrayant. Nous sommes attaché au stress comme à une drogue. Nous passons notre temps à nous en créer comme si notre vie en dépendait !

Nous devrions être conscient que, bien souvent, par une maladie, nous nous guérissons d'autre chose, par exemple d'un comportement excessif et autodestructeur, d'une vie monotone et insensée. Alors, au lieu de ne voir dans votre maladie que de la malchance, regardez ce qu'elle guérit en vous ou, à tout le moins, ce qu'elle souhaite guérir.

C'est pourquoi, devant la maladie, peu importe sa gravité, nous devrions lui manifester du respect. Présentement, la médecine connaît davantage la nature des remèdes que celle des maladies. Plutôt que d'être soigné à la hâte, de façon impersonnelle, le malade devrait être accompagné dans l'étude de sa maladie afin qu'il comprenne le fonctionnement normal de l'organe malade tout autant que son dysfonctionnement. On devrait l'aider à comprendre sa maladie à tous les points de vue, sinon les traitements de pointe qui ne requièrent que sa passivité ne lui communiquent pas la conscience de sa santé. Le malade n'apprend pas le respect de sa vie intérieure ; il est soulagé, guéri, et n'en demande pas davantage. Avant de recevoir des soins palliatifs, à moins qu'ils ne soient urgents, le malade devrait donc se familiariser avec sa vie intérieure. On devrait lui proposer des méthodes de guérison qui fassent appel à sa propre intelligence et à son intégrité.

Nous sommes passif devant nos maladies, nos médecins, nos psychologues et nos psychiatres parce que nous pensons que le guérisseur se trouve à l'extérieur de nous. La médecine est essentielle ainsi que toutes les autres approches curatives, mais le véritable guérisseur est en nous. Sans même le savoir, c'est à lui que s'en remettent les divers intervenants.

Nous disons souvent : « cela me sauve » ou « ceci me guérit ». Notre sagesse peut nous guérir instantanément. Pour certains, la sagesse est l'amour du travail. Ils se dépensent pour les autres parce que leur amour les sauve et les guérit. Pour d'autres, la sagesse est l'abandon à la vie. Pour d'autres, ce sera l'attachement et la loyauté. Pour d'autres, la sagesse sera de créer. Ce qui nous élève nous guérit. C'est pour cette raison que la guérison, la conscience et la vie spirituelle ne font qu'un.

Notre amour nous guérit. Plus vous vous écartez de votre vie intérieure, plus le risque d'être malade est élevé. L'essentiel pour tous est d'aimer et d'être aimé. Faites ce que vous aimez, vivez tel que vous le voulez et aimez la vie avec la plus grande simplicité. Le plus souvent, ceux qui vivent là où leur cœur se trouve ne sont pas malades. Plus vous mettez de distance entre vous et ce que vous aimez, plus vous vous éloignez de tout ce qui pourrait vous guérir.

Il nous semble que ce que nous aimons est à l'extérieur de nous : nous aimons la mer, la nature, les hautes montagnes, un être éloigné, une œuvre, mais pourtant, dès que nous aimons ces choses, elles sont à l'intérieur de nous. Elles cessent d'appartenir seulement au monde extérieur. Rien ne reste en dehors de notre être si nous l'aimons.

La grandeur de notre amour détermine la grandeur de notre espace intérieur. Plus nous nous sentirons séparé de ce que nous aimons, plus nous nous en sentirons « malade ». La seule chose qui nous sépare de ce que nous aimons, c'est notre manque d'amour pour nous-même. L'essentiel est et sera toujours notre amour. L'amour de soi et l'amour de la vie sont les plus grands remèdes, bien qu'ils ne soient pas des panacées.

Quand notre seule volonté est de vivre heureux, notre vie n'a probablement plus de limites.

L'amour

Notre estime de soi est vitale parce qu'elle nous permet d'aimer davantage les autres et la vie. D'ailleurs, nous ne savons rien faire d'autre qu'aimer, alors pourquoi essayons-nous tant de ne pas aimer ? Ceux d'entre nous qui sont malades, abandonnés et isolés aiment souvent moins. En n'aimant pas, ils vont cependant à l'encontre de leur vie et de leur destin.

Quelle humiliation est plus douloureuse que celle de ne pas être aimé ? Combien d'entre nous en humilient d'autres en retenant l'amour qu'ils éprouvent ? Dites-vous que le seul amour qui puisse tout changer, c'est le vôtre...

La plupart du temps, ce que nous cherchons n'est pas tant l'amour que la certitude de l'amour. Que cherchons-nous dans la sexualité et dans la passion sinon la certitude immédiate de l'amour ? Que cherchons-nous : l'amour ou sa certitude ? Le bonheur ou sa véracité ? L'accomplissement de soi ou la certitude que nous nous accomplissons ? Que cherchons-nous : Dieu ou la certitude de son existence ?

La plus grande des certitudes que l'humain cherche à obtenir est celle qu'il n'est pas unique, qu'il existe quelque part un autre lui-même. Sa vie se résume souvent à une quête de cet autre soi-même, à la quête d'une même vérité, de mêmes idées et de mêmes sentiments. Comme si, sans ce reflet de lui-même, son existence manquait de réalité, comme si sans un autre identique à lui, la vie elle-même n'avait pas de réalité. À défaut de trouver quelqu'un qui nous ressemble, nous essayons bien souvent de changer les autres afin de les rendre à notre image.

À force de chercher leur semblable, plusieurs ont cessé d'aimer, comme s'ils ne pouvaient aimer que leurs semblables. Dans un sens, ils ont raison, car l'amour n'est possible qu'en vertu de ce qu'il y a d'identique entre deux êtres. L'amour n'est possible que lorsqu'il est le fruit d'une histoire d'amour plus grande : notre amour avec l'Homme, qui est chacun.

L'histoire d'une vie est souvent celle d'un être à la recherche de l'âme sœur, d'un autre lui-même. Il serait difficile de penser qu'il n'y a pas d'autre soi-même dans tout l'univers. Le besoin de trouver son semblable est si fort qu'il pousse chacun à la quête de l'âme sœur, mais cette âme sœur existe-t-elle si elle n'est l'Homme en chacun ?

Trouver l'âme sœur, c'est rencontrer l'âme généreuse de l'Homme en temps de détresse, ou l'amoureux aux paroles sans pareilles en temps de désillusion, ou un passant qui a aperçu en nous l'introuvable humanité. L'âme sœur, c'est l'Homme. Tout son sens et sa force, c'est d'être humainement là pour nous. Chacun est une âme sœur lorsqu'il est présent au monde avec sa grande humanité.

Paradoxalement, nous sommes souvent sur nos gardes face à ceux qui se présentent au bon moment dans notre vie. Le fait que quelqu'un se présente au bon moment confère à la rencontre une force qu'elle n'aurait probablement pas autrement, et nous voudrions retenir cette personne dans notre vie, nous voudrions qu'il en soit toujours ainsi. Si nous n'y arrivons pas, nous faisons de cette rencontre un échec plutôt qu'une opportunité. Au lieu de comprendre que nous avons de nombreuses âmes sœurs, nous n'en espérons toujours qu'une.

Une âme sœur ne peut nous aider que dans la mesure où nous rendons cette aide utile, n'est-ce pas ? Nous nous attendons souvent à peu de chose : être aimé, compris, réconforté. Ne pensez pas à ce qu'il y a de plus grand que vous puissiez apporter à quelqu'un mais plutôt à ce qu'il y a de plus petit que vous puissiez lui donner : il s'agira de l'essentiel. Votre sincérité et votre spontanéité figurent parmi les choses les plus simples que vous puissiez donner : mais si vous voulez aider quelqu'un, vous ne pouvez le faire que maintenant. Si vous attendez à demain, vous n'avez pas vraiment envie d'aider cette personne. L'essentiel se donne toujours maintenant.

Pour comprendre ce qu'est l'essentiel, il faut aimer la vie. Aimez-vous la vie ? Si vous n'aimez pas celle qui vous l'a donnée, vous n'aimez pas la vie car votre mère est le symbole de la vie. Si vous éprouvez le bonheur de vivre, vous éprouverez de l'affection pour cette femme et pour cet homme qui vous ont donné la vie et, bien souvent, leur vie. Plusieurs d'entre nous ne peuvent pardonner à leurs parents de leur avoir donné la vie ou de la leur avoir rendue parfois triste et difficile.

Nous pardonnons difficilement à nos parents ce qu'ils sont ou ce qu'ils ont été. Nous leur reprochons de ne pas avoir été parfaits et nous leur faisons parfois porter le fardeau de notre propre imperfection... Chacun de nos parents nous aime à travers ses limites mais aussi à travers les nôtres. L'amour de la plupart des parents est parfait ; ils donneraient leur vie pour sauver celle de leur enfant. Cependant, ils ne nous montrent pas toujours à quel point ils nous aiment. C'est en accomplissant leurs devoirs et en remplissant leurs obligations qu'ils expriment le mieux leur grand amour ; ils oublient souvent de donner leur tendresse autrement. Pourquoi tant d'êtres essaient-ils de se convaincre que leurs parents ne les aiment pas ou qu'ils ne les ont jamais aimés ? C'est parce qu'en pensant ainsi ils n'ont pas à leur rendre cet amour, ni à se dévouer pour eux, ni à leur témoigner le moindre égard. Ils restent des enfants.

C'est d'abord en étant conscient que nous évoluons. Évoluer peut se faire d'innombrables façons mais le cœur n'en connaît qu'une : aimer sans juger.

Notre nature profonde est d'aimer. Si nous ne sommes pas transporté par cette motivation, nous ne serons motivé à rien. Notre solitude sera de ne pas aimer. Elle ne sera pas un état d'isolement ou d'abandon, mais un désamour de soi. La solitude découle du besoin que nous avons d'être aimé en refusant d'aimer au préalable. Notre solitude est un état de déception, un refus de pardonner à nos parents, à la vie, à notre société ce qu'ils sont.

Nous considérons souvent le pardon comme une idée désuète et moraliste, alors qu'en fait pardonner est simplement un concept qui traduit cette réalité : toute action n'est que temporaire et passagère, tout geste, toute parole ne sont que momentanés. C'est nous qui éternisons les blessures, c'est nous qui en faisons des actes définitifs par rancœur, ressentiment, hostilité ou amertume. Nous vivons dans notre mémoire.

Pourtant, toute action n'est que momentanée et passagère. Aucune n'est finale, permanente ou éternelle, sinon comme représentation. Tant que nous nous remémorons nos blessures, nous ne pouvons évoluer, car cela nous fait vivre dans le passé. Nous y sommes les gardiens de ce qui n'est plus mais que nous ne voulons pas perdre afin de justifier tant de choses… Nous ne trouvons jamais la paix en prétendant qu'un geste est définitif : personne ne nous blesse pour toujours. Notre souffrance, notre humiliation, notre honte et notre servitude proviennent souvent de ce que nous recréons ce qui est pourtant terminé. Vivre dans le passé modifie les données : toute action possède une portée qui est nécessairement limitée, circonscrite. Vivre avec sa mémoire, c'est augmenter la portée de ce que nous avons vécu.

En ne pardonnant pas, plusieurs d'entre nous font de l'amour une situation qui doit les dédommager de la vie. Cessons de voir l'amour et le bonheur comme des récompenses ; notre récompense est la vie. L'amour et le bonheur ne sont que de la gratitude que nous éprouvons face à la vie. Deux êtres ne peuvent vraiment s'aimer que s'ils aiment la vie. Autrement, notre amour se transforme en dépit et en haine secrète, chacun souffrant de l'autre, alors que c'est de notre propre inattention que nous souffrons.

Imaginez un instant que vous perdez tout ce que vous possédez, même vos ambitions, vos désirs et vos rêves.

Maintenant, pensez que tout cela n'était que votre récompense, pensez que tout cela ne servait qu'à rendre plus douce votre évolution et à soutenir l'expansion de votre conscience... Souvenez-vous que celui qui s'identifie à tout possède tout parce qu'il est tout.

Riez, chantez, dansez, embrassez, parlez, touchez, écoutez votre cœur... Quel métier, quel génie ou quel grand amour pouvez-vous soutenir si vous n'aimez pas la vie, si vous ne savez ni rire, ni chanter, ni danser ?

Un bonheur intarissable émane de celui qui aime la vie. Si nous voulons être heureux avec un partenaire, il nous faut choisir quelqu'un qui aime la vie. Sinon, nous devrons dédommager cette personne de la vie qu'elle conçoit comme l'enfer... Elle s'attendra secrètement à ce que nous la convainquions que la vie vaut la peine d'être vécue et qu'elle vaut la peine d'être aimée. Nous perdrons notre temps et notre vie à essayer de la persuader des bons côtés de la vie et de sa personne. Plusieurs prennent leur désespoir pour de l'amour ; leur but réel est de nous prouver avec acharnement que la vie n'en vaut pas la peine.

L'homme voit dans la femme le bonheur immédiat, de même que la femme voit dans l'homme le bonheur immédiat : ils ne se demandent pas s'il leur sera possible d'être heureux très longtemps avec l'autre. Le choix de plusieurs amoureux se fonde sur un bonheur de courte durée mais vrai, et ils veulent pouvoir le reproduire. Toutefois les couples cherchent le bonheur plutôt que de le conserver, ce qui les conduit souvent à ne pas s'apprécier mutuellement parce qu'ils veulent toujours plus. Or, nous n'avons pas à chercher le bonheur, nous n'avons qu'à le préserver en appréciant les plus petites choses. Être heureux, ce n'est pas avoir trouvé le bonheur, c'est avoir su le conserver. L'amour entre deux personnes traduit leur capacité de conserver ce bonheur au lieu de toujours le rechercher.

Nous espérons que notre amour nous sera rendu, nous espérons être aimé bien plus que nous espérons aimer. Lorsqu'il n'est plus nécessaire pour nous d'être aimé pour aimer, c'est la fin de notre solitude. Chacun a besoin d'être aimé, mais nous avons encore bien plus besoin d'aimer. C'est d'ailleurs l'amour que nous offrons, et non celui que nous recevons, qui fait de notre vie une grande expérience humaine.

Notre amour pour autrui ou pour la vie traduit la nature de notre rapport à nous-même. Ce que nous désirons des autres n'est qu'un reflet de ce que nous désirons de nous-même. Nous voulons que les autres soient plus évolués, épanouis, ouverts, sincères et naturels ; en fait, si nous les voulons ainsi, c'est que nous aspirons nous-même à être ainsi. Lorsque nous voulons que quelqu'un soit différent de ce qu'il est, c'est que nous voudrions nous-même être différent de ce que nous sommes.

Souvent nous voulons être plus aimant et nous créons en nous-même une souffrance plus grande que celle de ne pas l'être : nous créons la souffrance de ne pas aimer. Nous voudrions être plus doux, plus tolérant ou chaleureux, nous voudrions pouvoir aimer davantage les autres et, lorsque cela n'entraîne pas les résultats escomptés, nous sommes frustré et nous devenons hostile. Aussi longtemps que nous chercherons à être doux et tolérant pour obtenir quelque chose des autres, notre douceur et notre tolérance ne seront que de simples moyens, et non des fins en elles-mêmes.

Ne développons aucune vertu dans le but d'obtenir quelque chose des autres : cela entraîne de l'insatisfaction et du ressentiment. Développons nos qualités pour nous-même et à l'égard de nous-même. Développons notre douceur pour nous-même et envers nous-même. Développons notre sagesse, notre force, notre courage pour nous-même, envers nous-même et non pour les autres.

Notre solitude est notre ombre. Peut-on se rebeller contre elle ? Tantôt notre ombre est une souris, tantôt un désert, tantôt une mer agitée, tantôt un palais… Le plus souvent, notre solitude ne reflète ni notre détresse ni notre isolement, mais l'incertitude de notre grandeur. Celle-ci nous plonge dans la solitude parce qu'elle nous est niée ; elle est le plus souvent sans témoin. Peut-être les autres ne peuvent-ils pas l'apercevoir et, si nous acceptons ce fait, peut-être insisterons-nous moins pour qu'ils la voient ? Si notre présence rend les autres heureux parce que nous sommes nous-même, nous sommes l'être le moins seul au monde. Dans ce cas, nous n'avons pas à chercher la félicité ailleurs qu'autour de nous ; elle y sera toujours, peu importe où nous serons.

Les gens les plus malheureux sont certes ceux qui ont perdu la capacité d'aimer, à travers le crime, la drogue ou la haine sous toutes ses formes. L'être humain a besoin d'aimer quelqu'un, quelque chose, jour après jour, et c'est bien souvent par le devoir qu'il y arrive. Celui-ci n'est d'ailleurs que l'expression la plus commune du besoin d'aimer. Il en va de même pour la profession et le travail : ils nous donnent l'occasion d'aimer quelque chose et quelqu'un.

Beaucoup de gens sont malades ou troublés parce qu'ils n'ont pas l'occasion d'aimer. Les gens qui n'aiment pas ne se laissent pas facilement aimer. Nous avons besoin d'occasions d'aimer pour pouvoir nous laisser aimer. L'enfant mal aimé, par exemple, a besoin que l'école lui procure l'occasion d'aimer un plus petit ou plus vulnérable que lui.

La perfection de l'Homme repose entièrement sur notre capacité d'aimer. C'est notre capacité d'aimer qui engendre notre tolérance, notre patience, notre émerveillement, notre sens de l'observation, notre acceptation, notre génie... L'Homme est fait pour aimer et il doit aimer pour vivre. L'ennui quotidien n'est pas de la lassitude, c'est une difficulté d'aimer.

C'est ce que nous aimons qui nous rend libre d'aimer, c'est tout ce que nous aimons qui nous rend libre d'aimer davantage. Notre liberté d'aimer ne provient pas de nos conditions de vie, mais bien de l'amour dont nous sommes capable, et c'est par-dessus tout, l'amour que nous nous témoignons à nous-même qui nous rend libre d'aimer et de vivre. Si nous n'aimons pas ce qui nous constitue, qu'il s'agisse d'un de nos traits personnels, de notre carrière, d'un de nos talents, de nos aspirations ou de notre histoire, nous perdons la liberté d'aimer. C'est ce que nous aimons qui nous donne notre raison de vivre. Combien de raisons de vivre avez-vous ?

Personne ne peut vivre sans aimer, mais pour ce faire, il faut que chacun de nous se voie comme l'essentiel. Lorsque nous croirons que l'intelligence du monde dépend de la nôtre, que l'amour dans le monde dépend du nôtre, que la sagesse dans le monde dépend de la nôtre, nous ne serons rien de moins qu'essentiel. Aimer, c'est savoir que notre amour est l'essentiel de nous dans le monde.

Lorsque nous n'aimons pas, nous vivons dans l'insécurité et perdons la liberté d'aimer. Nous voyons l'amour comme quelque chose qui va nous dérober notre dernière liberté au lieu de nous la rendre. Si vous avez peur d'aimer, si vous avez peur qu'on ne vous aime pas, si vous êtes pessimiste et négatif, si vous vous accrochez à vos croyances et à vos idéaux, vous avez perdu la liberté d'aimer. Et ils sont nombreux ceux qui ne sont pas libres d'aimer !

Il est bien différent d'être aimant que d'être aimable ; être socialisé, c'est avant tout être aimable, c'est avoir appris qu'il fallait l'être en suivant certaines conventions. Pour être aimant, il faut avoir dépassé le besoin d'être aimable, le besoin d'être aimé.

Il est extraordinaire d'être aimé, mais en agissant à cette fin, nous perdons notre liberté. Pouvons-nous imaginer la détresse, la soumission, la docilité, l'abnégation, le renoncement, la rancœur, la haine qu'entraînent la quête de l'amour ? Ce n'est pas l'amour qui nous rend servile, c'est sa quête.

Nous avons si peu de vie intérieure que l'amour que nous éprouvons pour les autres reste le plus souvent inactif, inerte. La plupart d'entre nous aiment sans âme, sans esprit, car, sans vie intérieure, nous sommes des corps inhabités. Nous tendons même à restreindre notre amour pour les nôtres plutôt que de le laisser libre afin de ne pas être déçu. Si nous faisons de notre amour un geste insignifiant, quelque chose que nous ne livrerons peut-être que sur notre lit de mort, c'est que nous cherchons la perfection. Préférez-vous la perfection à la réalité ? Préférez-vous un amour parfait à un amour réel et effectif ?

Le sentiment d'aimer, avec toute la subjectivité amoureuse et douloureuse qui lui est associée, nous empêche de faire l'expérience véritable de l'amour. Lorsque nous aimons quelqu'un, nous voulons que cet amour soit parfait, éternel. Nous en sommes si inquiet que nous ne pouvons aimer ou être aimé. Paradoxalement, aussitôt que nous sommes amoureux, nous en devenons malheureux ; notre amour se transforme en angoisse, et ceux qui « aiment trop » confondent angoisse et amour. Car, en fait, personne n'aime trop. Généralement, nous n'aimons qu'une personne, qu'une religion, qu'une seule pensée, qu'un seul pays... Tout amour exclusif ne peut être qu'un amour étroit qui nous rend, tôt ou tard, fanatique. En aimant peu de choses et peu de gens, nous refusons l'expérience d'aimer.

Nous ne savons pas rester heureux tout en aimant. Lorsque deux êtres veulent s'aimer, ils veulent presque de l'autre la certitude qu'il ne le rendra pas malheureux. Le résultat est que chacun se défend de son sentiment et l'amour devient impossible à vivre.

Si l'amour nous rend possessif et jaloux, c'est que nous croyons que notre amour pour l'être aimé nous est inspiré par lui. Nous faisons alors erreur, car c'est bien plus notre capacité d'aimer qui nous rend amoureux. Rien ni personne ne suscite réellement notre amour. C'est notre amour pour nous-même qui nous fait aimer, c'est notre propre disposition intérieure qui nous fait tendre vers les autres. L'amour est dans celui qui aime, il n'est pas à l'extérieur de lui...

Nous devenons possessif des sentiments et des pensées de l'être aimé parce que, lorsque nous sommes amoureux, l'espoir d'un amour réel et viable nous est primordial. Dans le but effréné de mieux connaître l'être aimé et donc de pouvoir sonder son cœur, nous pensons pour lui, nous lui prêtons des intentions et nous fabulons. En agissant de la sorte, nous nous arrogeons le droit de façonner sa réalité et de lui imposer la nôtre.

Si nous essayons de changer l'être aimé, si nous ne croyons pas en lui, c'est que nous ne l'aimons pas. Il ne suffit pas de tolérer l'autre ou de l'accepter pour l'aimer. En fait, il faut pouvoir comprendre à quel point le respect de sa liberté est la plus haute expression de notre amour pour lui. Si vous voulez connaître l'amour véritable pour l'être aimé, examinez dans quelle mesure vous avez entrepris de le changer...

Dans le couple, il n'y a bien souvent qu'une liberté : la nôtre. Nous rejetons la liberté de l'autre lorsque nous le forçons à refléter notre réalité. Mais, si nous ne pouvons aimer la liberté de l'autre, comment pouvons-nous l'aimer ? La femme et l'homme qui n'aiment pas leur liberté peuvent-ils s'aimer mutuellement ? Peuvent-ils même aimer leur enfant ? D'ailleurs, que pouvons-nous aimer si nous n'aimons pas notre façon d'exercer notre propre liberté ?

Bien que nous voulions tout savoir de l'être aimé dans le but de connaître ses vrais sentiments à notre égard, il arrive que la vérité nous fasse l'aimer moins. Or, l'amour n'est pas une projection de soi sur l'autre, il est une transparence. La personne qui vous aime vraiment est transparente.

Pour pouvoir aimer, il faut se connaître soi-même, sinon l'amour est moins qu'un pâle reflet de lui-même... Dès que vous voulez désespérément connaître quelqu'un davantage et que vous vous préoccupez de ses intentions, de ses sentiments, de son passé et de votre avenir avec lui, vous évitez l'amour. Il suffit que vous vous connaissiez vous-même pour que l'amour devienne l'amour.

Aimer, c'est être transparent ; et être transparent, c'est se connaître soi-même. Celui qui se connaît lui-même ne laisse personne lui prêter une autre réalité que la sienne et lui seul connaît cette réalité. Si l'être aimé n'est pas transparent avec vous, c'est qu'il ne vous aime pas. Il aime peut-être la sécurité que vous lui apportez, mais il ne vous aime pas.

Lorsqu'un être n'est pas transparent avec vous, c'est qu'il manque d'amour pour lui-même et, s'il en manque pour lui-même, il en manquera nécessairement pour vous. Si vous voulez savoir dans quelle mesure une personne peut réellement vous aimer, observez sa transparence et non sa projection d'elle-même et de ses rêves sur vous...

C'est dans leur rapport à eux-mêmes que deux êtres sont grands bien plus que dans leur rapport entre eux, car il faut plus d'intelligence pour se respecter soi-même qu'il n'en faut pour respecter l'autre. Notre rapport à nous-même n'est pas transparent, il est tout simplement immédiat. Notre rapport à nous-même se mesure donc à l'intelligence que nous avons de notre vie, et c'est cela qui nous ouvre aux autres.

Voilà ce qu'est véritablement l'amour : l'ouverture à la vie intérieure de l'autre. Pour recevoir et pour intégrer la force de l'autre, il faut s'aimer soi-même, sinon cet impact est douloureux. C'est d'ailleurs la force des autres bien plus que leur faiblesse qui nous incite à nous fermer à eux et à les rejeter. L'amour est donc une question d'ouverture, et pour aimer la force des autres, il faut pouvoir aimer sa propre force, son individualité.

Personne n'échappe à sa propre vie intérieure. La force intérieure de chacun ne tient compte ni des échecs antérieurs ni des obstacles actuels, qui d'ailleurs ne sont que des « accommodations ». Toutes les barrières, les limites que vous acceptez dans votre vie ne sont que des « accommodations ».

La vie intérieure de chacun est ce qui est possible dans le couple. L'homme et la femme voient toutefois l'amour comme la réussite de leur lien : s'ils s'aiment, leur relation est réussie. Nous voyons pourtant des gens qui s'aiment et dont la relation n'est rien d'autre qu'habitude et automatisme : un traité de paix ou de non-agression bien plus que de l'amour. L'amour est-il donc l'indice de la réussite d'une relation amoureuse ? Non. L'amour rend l'attrait sexuel possible sinon vital, mais ce qui rend possible la relation amoureuse, ce n'est pas tant l'amour que la conscience que chacun a de lui-même.

Pour quelqu'un qui aime puis cesse d'aimer avec le même empressement, aimer en pleine conscience est un nouveau sentiment. Aimer quelqu'un en pleine conscience signifie pouvoir quitter son propre univers pour investir celui de l'autre, non pas dans le but de le piller, mais afin de lui donner généreusement.

Si nous ne pouvons reconnaître et apprécier tout ce que nous avons pris à nos parents, nous ne saurons jamais aimer notre partenaire. À qui pensons-nous pouvoir remettre ce que nous avons gratuitement reçu d'eux ? Ce que nous avons pris à nos parents revient maintenant à notre partenaire, sinon nous resterons des enfants.

Nous pensons que l'amour envers un homme ou une femme est un amour bien différent de toutes les autres formes d'amour, différent de l'amour de la mère, de celui du père ou de celui de l'enfant, parce que nous attribuons à la sexualité des pouvoirs qu'elle n'a pas, notamment celui d'augmenter l'amour ou de le préserver. Nous avons idéalisé l'amour entre l'homme et la femme, nous en avons fait le plus grand amour, le plus fort.

L'amour n'est pas une réaction émotionnelle ; c'est un sentiment unique qui n'est pas différent selon l'objet aimé. Nous croyons peut-être qu'il existe une sorte d'amour pour chaque chose et que la nature de l'amour varie selon l'objet. Ce n'est pas l'amour qui diffère, mais plutôt le type de relation dans lequel s'incarne ce sentiment. L'amour est l'amour, peut importe son objet.

L'homme et la femme évoluent. Pour ce faire, chacun a besoin d'expériences, mais, bien souvent, chacun limite les expériences de l'autre pour protéger leur amour. Peu importe qui nous aimons, nous aimons toujours quelqu'un qui a besoin d'évoluer et qui a besoin des expériences nécessaires pour y arriver. Seul celui qui se développe lui-même peut tolérer l'expansion de l'autre, c'est pourquoi l'amour vrai est une forme d'amitié profonde.

Nous jugeons souvent sévèrement les couples dont la relation se fonde sur une amitié profonde en négligeant plus ou moins les autres aspects de l'amour, comme si la passion était le meilleur étalon de l'amour. Le jour où nous pourrons concevoir l'amour comme étant l'expression d'une amitié profonde entre deux personnes, nous aurons compris que le plus important est notre qualité humaine, et non ce que nous appelons avec légèreté l'amour.

L'amitié profonde est-elle possible entre des êtres égoïstes, étroits d'esprit et dominateurs ? Une telle amitié ne saurait être autre chose qu'une relation égoïste, étroite d'esprit et dominatrice. Ce que nous réunissons, nos dons, nos talents, nos qualités et nos possibilités, voilà ce qui constitue notre amitié et notre amour.

Nous ne voyons pas l'infinie grandeur de l'amour alors que les plus petites choses la traduisent ; les plus petits gestes, les silences et les paroles les plus simples en traduisent la grandeur. La vie se manifeste dans les petits gestes auxquels nous accordons peu d'attention, et elle est aussi grande dans les petits moments que dans les grands. Pour pouvoir aimer une femme ou un homme, il faut être capable d'apprécier la vie, car c'est elle que nous vivons ensemble bien plus qu'un sentiment quelconque.

C'est d'ailleurs une des raisons qui conduit la plupart des couples à la rupture : si quelqu'un n'apprécie pas la vie, comment pourrait-il la vivre en relation ? Lorsqu'un être aime la vie, il porte un regard aimant sur toute chose. Son regard intérieur n'est rien d'autre que le regard de l'amour.

Personne ne saurait être digne de notre amour si nous-même n'en sommes pas digne, si nous ne sommes pas l'essentiel pour nous-même. Si notre travail, nos biens ou notre quotidien sont plus grands que nous-même, c'est que nous ne sommes pas l'essentiel. Notre vie avec les autres trouve sa grandeur dans notre vie intérieure.

Bien souvent, l'homme et la femme se comprennent difficilement. Pourtant, si l'homme ne peut s'identifier à la femme, il ne pourra être ni un bon amant, ni un bon amoureux, ni un partenaire valable. Si la femme ne peut s'identifier à l'homme, elle ne pourra pas plus être une bonne amante, ni une bonne amoureuse, ni une partenaire valable. S'identifier à l'autre et à notre lien, c'est apprendre, c'est comprendre intimement.

Toutefois, ce que l'homme n'aime pas de lui-même, il ne l'aimera pas plus chez sa partenaire ; il en va de même pour la femme. Nous n'aimons vraiment chez l'autre que ce que nous acceptons de nous-même, et nous ne maîtrisons que ce que nous acceptons de nous-même, ce qui engendre beaucoup d'écarts de conduite et d'ambivalence. Nous voudrions dissimuler à l'autre ce que nous n'acceptons pas de nous-même et, pour ce faire, nous faussons la relation que nous entretenons avec lui. Si nous faussons notre lien avec nous-même, que pourrons-nous faire de plus avec l'autre que de fausser notre lien avec lui ?

Tout ce que nous n'acceptons pas de nous-même nous rend coupable. La fonction ultime de l'amour est de nous permettre de devenir complet, c'est-à-dire de combler par l'extérieur notre manque intérieur, comme l'a déjà évoqué Jung. Celui qui n'accepte pas sa colère trouvera sans le savoir un partenaire qui accepte la sienne. Celui qui n'accepte pas sa tristesse trouvera quelqu'un qui accepte la sienne. Ceux qui n'acceptent pas leur force recherchent des êtres forts ; ceux qui n'acceptent pas leur passivité recherchent des êtres passifs. Lorsque nous quittons notre partenaire, c'est bien souvent pour un autre qui lui ressemble étrangement, et ce, parce que nous cherchons quelqu'un qui accepte en lui-même ce que nous refusons de nous-même. Cela nous permet d'échapper à notre culpabilité, qui se transforme alors en blâmes et en récriminations.

Imaginez que vous rencontrez quelqu'un et que vous lui dites ouvertement : « Je n'accepte pas ma tristesse, je vais plutôt accepter la tienne » ou « Je n'accepte pas mon ambition, je vais plutôt accepter la tienne ». C'est ce qui se produit souvent dans les faits au sein de nos relations, et cela nous conduit à la fatalité, la hargne, la cruauté, au désamour et au rejet : nous ne pouvons accepter chez un autre ce que nous n'acceptons pas de nous-même.

Combien de couples ruinent leur amour à force de refuser ce qu'ils sont ? Combien sont détruits par une tierce personne uniquement parce qu'ils restent dans une relation dont le principal but n'est pas l'amour ?

Nous avons idéalisé l'amour au point d'en faire l'expérience parfaite. Cependant, notre amour nous ressemble, il est exactement comme nous sommes nous-même face à nous-même. Et si nous nous mentons à nous-même, nous mentirons à l'autre.

Le lien idéal entre deux amoureux repose sur la capacité non pas d'aimer complètement l'autre, mais d'être soi-même complet afin de pouvoir aimer. Si nous n'aimons l'autre qu'avec une petite partie de nous-même, cela ne fera que souligner notre douleur d'être si peu de chose à nos propres yeux et à ceux de l'autre. De plus, si nous méprisons une partie de nous-même, nous mépriserons celui qui voudra nous donner cet aspect de lui. L'amour sera alors un drame plutôt que le partage de deux individualités.

Tout ce que nous acceptons de nous-même, nous le tolérerons et l'accepterons des autres. L'amour est-il possible autrement ? Refusez votre colère, votre tristesse, votre talent, votre confiance, et vous aimerez sans colère, sans tristesse, sans talent et sans confiance. Refusez votre corps, votre sexe, votre spiritualité, votre liberté et votre intelligence, et vous aimerez sans corps, sans sexe, sans spiritualité, sans liberté et sans intelligence. Tout ce que vous refusez de vous-même, vous ne pouvez vous en servir pour aimer. Plusieurs d'entre nous se rejettent à ce point qu'ils s'abaissent pour obtenir l'amour et se satisfont de peu. Or, si nous ne jugions ni nos défauts ni nos qualités, peut-être serions-nous plus ouvert à un amour qui soit digne de nous.

Pour cette raison, le désamour est grand chez les êtres qui recherchent dans le sentiment amoureux la perfection de l'autre en espérant la leur de cet amour. La perfection ne découle pas d'une magie amoureuse, cela serait un leurre ; elle provient plutôt de la vie intérieure. Lorsque nous avons une vie intérieure, l'amour au sein du couple ne sert pas à masquer les imperfections de chacun. Nous ne pouvons aimer avec sagesse qu'en nous individualisant, en passant chaque jour d'un nous-même à un autre nous-même, plus sage, plus évolué, plus près de notre nature supérieure.

Personne ne mérite notre amour comme nous-même, alors donnons-nous cet amour à travers les autres. Voyons dans chacun ce que nous avons déjà ou ce que nous deviendrons, et nous n'aurons pas à cultiver l'amour, nous n'aurons qu'à le vivre.

Nous avons besoin d'aimer pour nous sentir aimé. Il n'y a que notre propre amour qui puisse nous être rendu.

Le véritable amour n'attend pas de recevoir pour donner, car il devient identique de donner et de recevoir.

Vous êtes-vous déjà demandé comment se produisent les choses ? Vous aimez tel genre d'enfant, tel genre d'homme, de femme, de vie, et vous l'obtenez à travers une relation. Tout ce que vous avez, vous l'avez aimé bien avant de le rencontrer. Si vous n'avez pas ce que vous voulez, c'est que vous ne le désirez pas suffisamment et, si vous cessez de l'aimer, vous cessez de le vouloir. Continuez d'aimer tout ce que vous voulez sans même l'avoir, et vous serez comblé.

L'amour est ce qui crée les choses. Si nous désirons connaître une personne en particulier, nous devons l'aimer avant même de la connaître et continuer de l'aimer même lorsqu'elle tarde à apparaître dans notre vie. Dès que nous cessons d'aimer quelqu'un ou quelque chose, nous cessons d'en éprouver le besoin et nous cessons, en conséquence, de l'attirer vers nous. Tout ce que nous posséderons, nous devrons d'abord le posséder dans notre cœur, c'est-à-dire l'aimer.

Notre amour est vrai lorsque nous n'exigeons plus des autres qu'ils renoncent à leur indépendance psychologique pour nous aimer. Lorsque notre liberté psychologique est de la plus haute importance, celle des autres l'est tout autant.

C'est la méconnaissance de soi qui rend notre amour aveugle, et pas notre sentiment en tant que tel. Nous pensons que, pour aimer quelqu'un, nous devons répondre à ses attentes et estimons que nous sommes mutuellement engagés au sein de la relation dans la mesure où nous répondons réciproquement à nos besoins et à nos désirs.

Or, le véritable engagement amoureux ou affectif se mesure aux attentes que nous avons envers nous-même. Si nous attendons beaucoup de l'autre et peu de nous-même, nous ne sommes pas engagé dans la relation amoureuse. Si ce que nous attendons de nous-même, c'est d'être heureux, gai, intelligent, mature, stimulant, profond ou créatif, et c'est là ce que nous aurons à offrir à l'autre, à la vie et au monde, rien de plus. Ce que nous attendons de nous-même, c'est cela que notre amour a à offrir à l'autre. Quand la relation est fondée sur le besoin, elle a peu à offrir, sinon rien. Et alors, il n'y a rien à échanger.

Et la relation fondée sur le besoin est fragile parce qu'elle est vide. Si l'autre ne répond pas à nos attentes, ni nous aux siennes, elle perd toute valeur à nos yeux. Nous abordons donc l'amour en consommateur parce que nous n'avons rien à offrir : nous n'attendons rien de nous-même, et tout de l'autre. Par contre, la plupart cherchent plus que l'amour : ils cherchent la vie à travers l'autre et des réponses en lui. En agissant ainsi, nous voulons que l'autre soit tout pour nous et souhaitons être tout pour lui. Le monde extérieur ne compte alors plus ! C'est l'amour ! Quand nous nous aimons, nous n'avons pas besoin de nous fermer aux autres pour garantir la viabilité de notre relation : c'est une attitude antisociale. Chacun n'est qu'une partie du grand Tout, et personne ne peut être tout pour un autre. Et l'amour n'a rien à voir avec une solitude à deux.

Le destin

Plusieurs sont malheureux parce qu'ils se croient indignes d'un amour plus grand que celui qu'ils connaissent. Ils craignent de se méprendre sur leur valeur en demandant trop et préfèrent plutôt s'accommoder de ce qui s'est présenté à eux. Ce n'est pas notre destin qui nous limite ; c'est nous qui le limitons. Personne n'est destiné à se satisfaire de peu en se contentant de rêver. Si c'est votre cas, ne vous demandez pas pourquoi vous n'êtes pas joyeux, ouvert ni serein.

Tant que le sentiment de notre valeur continuera de nous venir de l'amour que nous recevons des autres, leur amour sera tout pour nous : il sera notre salut, notre vie, notre gloire, notre paix et notre bonheur. Or, celui qui s'aime sans être aimé est un être rare. Cependant, nous avons si peur de nous aimer nous-même que cela nous pousse sans cesse à démontrer notre valeur aux autres, alors que nous n'avons en fait rien à leur prouver.

Le destin de l'Homme est de se conduire en être digne du bonheur qu'il mérite, de l'amour qu'il reçoit et de ses capacités humaines. Cependant, nous traitons nos qualités et nos possibilités comme si elles étaient de nature surhumaine ! Nous pensons que, pour les utiliser, nous devons également fournir un effort surhumain. Que nous soyons doué, intelligent, amusant, rêveur, aimant, émotif, inventif et fort, cela n'a rien d'exceptionnel ni de surhumain. Celui qui s'aime profondément accomplit la seule tâche qui soit véritablement surhumaine.

Hélas, le sentiment de notre valeur nous provient davantage de l'amour que nous donnent les autres que de celui que nous nous donnons nous-même. Nous retirons souvent un plus grand sentiment de valeur personnelle en nous conformant qu'en nous individualisant. La recherche de l'amour dans la soumission est le destin de la plupart des êtres humains. Si nous ne pouvons vivre sans amour, c'est que nous cherchons notre valeur dans l'amour des autres, dans le conformisme et la soumission.

Celui pour qui l'amour ne dure jamais très longtemps cherche désespérément sa valeur dans l'amour. Son avidité est grande, et personne n'a suffisamment de valeur à ses yeux pour lui procurer un sentiment durable de sa propre valeur. Or, toutes nos expériences se fondent sur une expérience principale, celle de notre valeur. Nous nous considérons comme étant peu de chose parce que nous ne sentons pas que nous sommes en relation avec l'humanité tout entière. Pourtant, si nous pouvions nous identifier à celle-ci, nous deviendrions plus grands qu'elle...

Bien que le conformisme soit la principale ligne de conduite qu'on attend de nous, notre destin est de nous individualiser, et c'est pour cela que nous transgressons les règles de la normalité à tout moment pour y arriver. Notre individualisation est plus ou moins une longue et lente transgression de la loi de la conformité, car, lorsque nous nous individualisons, notre volonté d'être surpasse notre volonté d'avoir. Ce qui compte le plus pour nous n'est pas tant d'être aimé que d'être libre. Prenons par exemple l'enfant qui désobéit ou qui exprime hâtivement son désaccord face à ses parents. Est-il capricieux, dominateur et égocentrique ? Bien qu'il ne soit qu'un enfant, sa liberté l'incite déjà à s'affirmer. L'enfant ne peut préférer la liberté à l'amour à cause de sa dépendance, mais sa liberté est probablement plus essentielle que tout l'amour qu'il pourrait recevoir sans jamais être libre et respecté.

Notre volonté personnelle, qui est si souvent obscure et impulsive, provient de notre liberté intérieure qui nous guide vers notre destin. Nous pensons que le destin est une fatalité, une sorte de mauvais sort, mais il n'en sera ainsi que si nous ne suivons pas notre cœur.

Seul notre cœur peut nous conduire à notre destin et, si nous ne l'écoutons pas, ce n'est pas notre véritable destin que nous vivons. Notre destin est de rester libre et de faire de la vie une expérience de liberté véritable.

Notre destin est tout ce que nous créons et personne n'échappe à ce qu'il crée. Nous ne pouvons échapper à ce que nous créons dans une heure ou dans une journée. Pour y échapper, il faut attirer autre chose, il faut changer sa conscience et, pour cela, il faut se développer. Nous sommes ce que nous créons aujourd'hui et ce que nous créerons demain... Il y a de petits et de grands projets, mais « être » est le seul projet qui soit véritablement grand.

Notre destin consiste donc à être nous-même, à nous accomplir selon nos talents et nos dons particuliers, sans modèle, avec le concours de nos défauts et de nos faiblesses et non pas sans eux. La plupart choisissent de se développer à travers leurs faiblesses parce qu'ils voient leurs qualités comme des leurres ou comme des forces impossibles à acquérir sans en avoir fait l'effort. Ils tentent de développer leurs qualités en maîtrisant leurs défauts, alors qu'il suffirait de croire en leurs forces positives et négatives.

La vie accorde à chacun le meilleur d'elle-même parce que, pour elle, chacun représente le meilleur d'elle-même. Peut-être pensons-nous que nous sommes ce que la vie a de meilleur à cause d'une quelconque qualité ou d'un don particulier que nous avons, mais la vie ne tient pas ce qui est humain pour acquis comme nous le faisons. Pour elle, un sourire est un miracle ; une larme, une parole du cœur, l'amour, la volonté, l'intelligence, la force, la colère, la tristesse... sont des miracles lorsqu'ils passent à travers nous.

Nous évoluons tous dans la même direction : devenir meilleur. Et, chaque jour, nous le sommes. Il serait plus sain de considérer ce fait comme certain et de vivre chaque jour avec la certitude que, peu importe la tournure des événements, dans notre cœur, nous sommes meilleur qu'hier. Au lieu de vous demander sans cesse comment vous pourriez devenir meilleur, demandez-vous comment aujourd'hui vous a rendu meilleur qu'hier. Vous serez davantage assuré de votre valeur intérieure, malgré les apparences et toutes les conséquences parfois fâcheuses de vos actions.

La mort

Chaque vie est une expérience de sagesse dont la mort marque la fin. Chaque expérience de sagesse ne se termine pas en fonction de l'âge mais en fonction de l'expérience de sagesse elle-même.

Si nous pouvons concevoir notre vie comme une expérience de sagesse, nous ne pourrons envisager la mort que comme la fin de cette expérience et nous ne la considérerons pas comme un échec.

La mort existe telle que nous la créons. Pour plusieurs, elle est un idéal : nous y avons investi beaucoup d'espoir, en attendant d'elle le rachat, Dieu, la paix, la fin de nos misères, la sérénité, le paradis... Nous en faisons une récompense, la promesse d'une vie meilleure qui nous attend, et c'est pour cela qu'elle nous attire et qu'en même temps nous la craignons : elle risque de nous décevoir. Lorsque nous n'attendrons plus rien de la mort, peut-être cessera-t-elle d'exister pour nous.

Ce n'est pas notre mort qui nous apportera le soulagement, la paix ou la félicité, c'est notre vie qui nous l'apporte ou nous l'enlève à chaque instant. La mort ne nous apportera rien de plus que ce que nous a apporté notre vie, et elle ne nous enlèvera rien, sauf bien sûr les liens physiques qui nous unissent aux autres. La mort n'est que la fin d'une expérience de sagesse.

La vie après notre expérience de sagesse sera peut-être un séjour dans notre propre monde. Pouvons-nous imaginer un endroit où tout ce qui nous entourerait serait un aspect de nous-même ? Pouvons-nous nous imaginer vivre dans notre monde et que tout soit le même : nous ? Voilà peut-être ce qui nous attend… ici ou ailleurs.

TROISIÈME PARTIE

Le côté intérieur de la vie

La consc[ience]

Au sujet de la conscie[nce... il est] fondamental de comprendre certaines notions. [La prem]ière connaissance essentielle est que la vie est [conscien]ce, formes et degrés de
conscience ; et la conscie[nce est id]entification. Chaque fois
que nous nous identifion[s à une ch]ose, à une personne ou
à une idée, nous nous inv[estissons] du degré de conscience
de cette chose, de cette p[ersonne o]u de cette idée. C'est
pour cette raison que les Maîtres, en s'identifiant à toute
chose, dépassent la nécessité de faire des expériences.

Le but de la conscience est l'amour. En augmentant
notre conscience, c'est notre capacité d'aimer que nous aug-
mentons ; celui qui suit son cœur suit donc sa conscience.
D'ailleurs, plus notre capacité d'aimer est grande, plus la
pensée qui traduit notre conscience est aimante. C'est ce
que nous appelons la sagesse, la conscience aimante.

La seconde connaissance est tout aussi fondamentale.
Elle se rapporte à notre façon de vivre, qui est infiniment
plus importante que nos activités. Le pouvoir réel que
nous exerçons sur notre existence ne provient pas de nos
activités mais de notre vie intérieure. L'être conscient

choisit son style de vie, il ne laisse pas les obligations et les devoirs dominer son existence. L'être conscient choisit le bonheur.

Pour devenir conscient, il nous faut abandonner ce que nous connaissons et ce que nous avons appris ; il nous faut créer. Il n'y a que deux forces, deux façons de vivre : la création et la destruction. Nous créons lorsque nous concentrons toute notre attention sur notre vie, comme la mère qui est présente à son bébé même lorsqu'il dort. Car lorsque notre vie reçoit toute notre attention, nous ne pouvons plus nous détourner de notre vie intérieure. Elle est notre vie la plus chère. Nous détruisons lorsque nous désapprenons. Celui qui est conscient sait que, chaque fois qu'il apprend quelque chose de nouveau, cela ne s'ajoute pas à un ensemble de connaissances, cela les dépasse toutes. Il sait que, chaque fois qu'il apprend, il désapprend tout autant.

Lorsque nous sommes véritablement conscient, notre vie devient plus importante que nos réalisations et que nos succès. En faisant de la conscience un mode de vie, ce que nous créons est un bonheur durable. Nous ne pouvons vivre un bonheur profond si notre vie n'est pas notre priorité, nous ne pouvons alors que cultiver des bonheurs passagers. Si notre vie intérieure n'est pas notre priorité, notre vie entière ne l'est pas. Que valent nos réalisations, nos succès et notre ambition si notre vie est sans importance à nos yeux ?

Notre façon de vivre correspond à une décision que nous prenons plus ou moins lucidement : « Je vais vivre de manière à être heureux. » « Je vais vivre de manière à être intelligent. » « Je vais vivre de manière à être sage. »

« Je vais vivre de manière à être puissant. » Nos activités quotidiennes sont conformes ou non à cette décision capitale. Si elles ne le sont pas, nous vivons de grandes contradictions et un grand nombre de contraintes. Nous manquons de certitude sur la valeur de notre conscience, et c'est ce qui nous écarte souvent de notre décision de vivre sagement, c'est-à-dire heureux.

Notre propre conscience a pour origine le monde extérieur, les autres. C'est progressivement qu'elle se subdivise en vie intérieure et extérieure. C'est lentement que nous passons d'une conscience diminuée à une conscience avancée. Notre propre conscience émerge de ce qui n'est pas nous. Grâce à l'expérience personnelle, à la souffrance et à la réflexion individuelle, elle peut alors nous guider. Désormais, notre conscience n'a plus besoin de celle d'un autre pour avancer, elle le fait d'elle-même : c'est l'auto-enseignement. Nous pensons alors par nous-même.

Pendant longtemps, les autres ont dominé notre existence. Nous sommes dans un groupe : on nous observe, nous observons, nous nous comparons. Nous agissons davantage en fonction des autres qu'en fonction de nous-même, sinon nous serions dans « l'état d'être ». Les choses se passent ainsi parce que l'humain n'a pas de données propres : nous ne savons ni reconnaître, ni définir, ni valider notre propre existence. Nous ne pouvons faire cela que relativement aux autres. C'est ce que nous appelons la socialisation, la normalité, nous affirmons notre existence par rapport à celle de quelqu'un d'autre. Nous nous comparons et nous nous opposons.

C'est en nous dissociant des autres que nous affirmons habituellement notre existence. Et plutôt que de nous identifier, nous apprenons à nous différencier, au point que notre conscience se retrouve principalement en lutte contre celle des autres. Chaque conscience est une œuvre personnelle, et comme toute œuvre personnelle n'a qu'un maître, qu'un auteur, la conscience de chacun lui appartient en propre, elle est sacrée. Si nous sommes en lutte contre la conscience des autres, c'est notre œuvre personnelle qui restera inachevée. Lorsque nous excluons et rejetons les autres, nous rejetons des possibilités d'être plus conscient.

Nous n'aimons pas dans le but de devenir un « saint », nous aimons afin d'augmenter notre vie. Si nous n'aimons pas, nous vivons dans une conscience élémentaire ; nous sommes bien éduqué, bien socialisé. La conscience sociale qui nous est transmise exige seulement que nous soyons aimable, non pas que nous soyons aimant.

En aimant, nous faisons avancer notre conscience même, car aimer, c'est faire soi-même de tout. Aimer, c'est donc s'honorer en tous, c'est donc être nos propres possibilités et nos propres limites en tout temps… La conscience n'a pas de modèle, elle est unique. Notre conscience propre est notre individualité et elle n'a pas de modèle. Il nous est particulièrement difficile de vivre sans modèle, et la normalité n'en est pas un.

Notre conscience est notre lien avec tous et toute chose. L'être véritablement conscient sait qu'il n'est en relation qu'avec lui-même, il se reconnaît humblement en chacun. L'identification est le moyen privilégié dont il dispose pour se réintégrer avec douceur et sagesse. Les autres aussi s'identifient à nous ; nous sommes nous-même un de leurs « soi » qui est inconnu.

Ainsi, nous sommes toujours pour les autres une possibilité et une limite, un de leurs propres « soi » fermé ou ouvert à eux. Dieu, que nous cherchons en regardant vers le Ciel, est l'influence que nous avons sur les autres. Lorsque nous jugeons les autres, nous les limitons, nous leur faisons sentir qu'ils ne méritent pas la vie. Si les idées de mort, de suicide et de guerre sont si puissantes, c'est que chacun limite un grand nombre de personnes et limiter quelqu'un équivaut à lui refuser la vie.

Lorsque quelqu'un nous limite, il nous refuse la vie. Lorsque vous limitez quelqu'un, vous lui refusez la vie. Ce phénomène est à l'origine de la dépression, de la détresse, de l'alcoolisme, des maladies et des guerres. Rappelons-nous que nous sommes un de leurs aspects ; peut-être saurons-nous les aimer davantage en voyant en eux différents « soi »...

La vie est inspiration. Lorsque nous limitons quelqu'un, il n'est plus inspiré, ni par notre vie, ni par la sienne. Il n'inspire plus. Regardez comment « respirent » les gens qui n'inspirent plus personne, ceux que nous limitons ? Celui qui s'identifie à tous n'a plus de limites et ne peut plus limiter qui que ce soit : il n'est pas un obstacle à la vie. Il est rare, très rare que deux êtres entretiennent une véritable relation précisément parce que chacun limite trop souvent l'autre. Passer du temps ensemble, ce n'est pas être en relation, c'est tout au plus s'accompagner. Être en relation avec quelqu'un, c'est ne pas le limiter, c'est voir en lui un autre nous-même et vouloir lui apporter le meilleur de ce que nous sommes.

La plupart d'entre nous s'entourent d'êtres qui leur servent de conscience. Ils demandent des avis et agissent selon ces conseils soit pour les suivre, soit pour faire le contraire. Lorsque nous rendons compte de notre vie uniquement à notre conscience, nous ne demandons plus conseil, nous ne cherchons plus quelqu'un qui pense comme nous ou pour nous. Nous acceptons alors que notre conscience soit notre seule vérité et nous la suivons sans l'ombre d'une hésitation, avec innocence et candeur. Il n'y a qu'une conscience pour nous : c'est la nôtre. Elle est notre seul moyen d'expérience, notre seul mode d'appréhension du monde et notre seul moyen de dépassement. Peut-être notre conscience est-elle notre seul monde, notre seule réalité...

Notre conscience est notre voie personnelle, et avancer sur ce « sentier de la solitude » signifie que nous suivons notre intuition, notre voix intérieure et notre propre savoir, que nous rendons compte de notre vie uniquement à notre conscience, en tout temps et en tout lieu. Cela n'entraîne ni culpabilité, ni regret, car la lucidité ne leur donne pas d'emprise.

Notre conscience est certainement notre véritable intelligence. Chaque jour, nous pouvons l'accroître ou la restreindre. Tout ce qui nous *empêche* de chercher et de trouver en nous-même appauvrit notre conscience, alors que tout ce qui nous *incite* à chercher et à trouver en nous-même l'enrichit.

Toutefois, nous ne connaissons pas notre conscience, car elle progresse et elle ne peut se limiter à une partie d'elle-même. Si nous la limitons à une partie d'elle-même, nous cessons d'être lucide et conscient, nous sommes dominé par un seul élément de notre conscience, un sentiment, une idée. Le mieux que nous puissions faire, c'est accepter ce que nous sommes.

Le corps est conscience, l'amour est conscience ; la tristesse, la colère, la frustration sont aussi conscience... Tout est conscience mais tout n'est pas conscience totale. La totalité de la conscience se dissimule dans la conscience de chacun, mais celui qui tente de saisir sa propre conscience ne peut pas y arriver, car celle-ci s'étend en lui de l'infiniment petit à l'infiniment grand. Il serait plus simple de nous demander de quoi notre conscience nous libère. Nous libère-t-elle de nos connaissances ? De notre mémoire ? De notre passé ? De nos mythes ? De nos émotions ? De nos sentiments ?

Nous ne pouvons connaître notre conscience qu'en l'affirmant, en nous exprimant et en la traduisant dans la vie concrète. En faisant respecter notre conscience, nous ne faisons pas reculer les autres devant nous, nous n'exigeons pas non plus qu'ils se soumettent. Au contraire, cela signifie que nous vivons nous-même selon notre conscience et que nous la rendons visible aux autres à travers des œuvres, des rencontres et des échanges.

Notre conscience est notre liberté et, pour plusieurs, être libre, c'est se libérer de ses responsabilités, se rebeller, rejeter les autres. Pourtant, nous n'avons pas besoin de force pour nous libérer. Notre conscience nous libère. Elle nous libère parce qu'elle est sagesse ; elle nous donne la sagesse d'agir, d'aimer, d'espérer, de rêver, de penser, de nous prononcer, de nous connaître. Nous n'avons pas besoin de savoir comment aimer, ni comment penser, ni comment nous connaître ; nous n'avons besoin que de la sagesse de faire tout cela.

Nous cherchons des méthodes, des directives et des exemples, mais nous n'avons besoin que de la sagesse de faire ce que nous voulons faire. Notre sagesse nous vient entièrement de notre conscience et non de celle des autres. Avons-nous la sagesse de réfléchir et de chercher en nous-même ?

Notre sagesse d'aimer ne dépend donc pas de l'âge ou de la maturité qui lui est associée. Beaucoup d'enfants ont la sagesse d'aimer leurs parents même si ceux-ci manquent d'intelligence et de courage. Ne voyez pas en la sagesse le résultat de la maturation, voyez plutôt une connaissance intérieure qui découle de la conscience. Des enfants peuvent être davantage conscients que leurs parents. La conscience n'a pas d'âge, la sagesse non plus. Les enfants possèdent une grande sagesse. Ils ont la sagesse d'apprendre, la sagesse de continuer, celle de rêver, de s'amuser, et certains ont la sagesse de faire confiance aux adultes.

Notre conscience est en expansion, elle est toujours le degré de sagesse qui rend tout possible pour nous, sans effort, sans rébellion. Si nous voulons la réduire à une partie d'elle-même, nous nous limitons et nous limitons tous ceux qui nous entourent. Voyez-vous, lorsque nous nous jugeons, nous limitons notre conscience à une partie d'elle-même : à notre jugement.

La conscience nous rend disponible au présent ; la forme, non. La forme nous fait appréhender la réalité, elle ne nous la fait pas découvrir. La conscience a des degrés : plus elle est élevée, moins elle est prise par l'apparence. N'étant pas prisonnière des images et des concepts, la conscience nous rend libre.

Toute croyance, toute idée, toute émotion, tout sentiment sont des formes. Pour vivre dans le présent, nous devons vivre dans l'ouverture, et le but de la conscience est l'ouverture ; c'est ce qu'est la conscience aimante : l'ouverture. Comment triompherons-nous de ces fixations ? Nous triomphons de la sécurité en cessant de contrôler les résultats. Nous triomphons de l'amour en aimant. Nous triomphons de la solitude en ne lui résistant plus.

Pour y arriver, la certitude est nécessaire. La certitude est une intention inébranlable qui nous rend fort à tout moment, peu importent les signes extérieurs ou les preuves. Sans certitude, nous ne pouvons maîtriser notre vie, nous ne pouvons être heureux, car nous ne pouvons trouver le bonheur sans être certain qu'il existe et que nous pouvons le susciter.

Nous développons notre certitude en développant notre humilité, et nous *développons* notre humilité en sachant que tout ce que nous faisons, pensons, croyons fermement n'est que temporairement vrai. Pourquoi en faire un étendard pour juger qui que ce soit ? Faites attention aux préceptes et aux concepts que vous défendez, ils sont provisoires. Aucune prise de conscience n'est un arrêt définitif de la conscience. La conscience est semblable à la roue qui tourne lorsqu'elle avance, elle n'est ni fixe, ni immobile…

Chaque nouvelle prise de conscience est une expérience de vérité. Et nous voulons que les choses soient sûres et immuables. Pourtant, à quelles anciennes vérités désirerions-nous être accroché aujourd'hui ? Y a-t-il une seule ancienne vérité que nous regrettions ? Alors pourquoi ne pas accueillir toute nouvelle vérité, tout moment de vérité ?

La vie intérieure est le centre de la conscience indivi-duelle. Si nous ne réfléchissons pas, nous ne développons pas notre conscience individuelle, nous utilisons alors la conscience sociale : les traditions, les mœurs, les coutu-mes, les règles et les lois. Les connaissances que nous avons accumulées doivent passer par notre propre conscience. Et c'est par la compréhension plutôt que par l'intellectuali-sation qu'elles pénètrent notre conscience. La conscience ne s'encombre pas de ce qui n'est pas vérité.

Est-ce si ordinaire de vivre, de penser et d'aimer ? Nous cherchons tous des êtres qui savent vivre, penser et aimer, du moins, nous savons tous les reconnaître. Cependant, pourquoi est-ce devenu si extraordinaire de vivre, si génial de penser et si singulier d'aimer ? Peut-être est-ce parce que nous avons perdu le courage et la force de le faire sans modèle.

C'est à partir de notre propre pensée et de nos propres sentiments que nous évoluons. Sans repousser les autres, il faut que nous leur laissions leurs sentiments. Si nous ne résistons pas aux sentiments des autres, ils n'y résisteront pas non plus. Nous résistons à leurs sentiments parce que nous résistons aux nôtres…

La conscience procède de l'expérience d'aimer. Si un être n'aime pas, il ne peut devenir conscient. L'incons-cience est d'abord l'absence d'amour pour soi-même, et ensuite pour les autres.

Plusieurs ne peuvent s'inspirer de leur conscience ni même la reconnaître à travers ce qu'ils vivent parce que la peur les domine. La conscience et la peur ne peu-vent pas plus coexister que l'amour et la peur. La peur nie la conscience et l'amour. Lorsque nous sommes tourmenté, anxieux ou inquiet, c'est que notre peur est plus importante que notre conscience et notre amour.

Nos sentiments sont notre expérience de nous-même et des autres. Nos émotions sont notre expérience de nous-même, des autres et de la vie. Nos désirs, nos réflexions, nos actions sont autant d'aspects de l'expérience de nous-même que nous faisons à travers un sentiment, une pensée, une action, un rêve... Cependant, y a-t-il une différence réelle entre faire l'expérience de notre humanité et faire celle de notre individualité ?

Lorsque nous éprouvons la solitude intérieure, nous faisons l'expérience de notre solitude mais aussi de celle de l'humanité. Nous ne vivons rien seul, absolument rien. C'est l'expérience de notre propre humanité qui nous fait faire l'expérience de l'humanité en entier. La conscience est un « Nous », elle n'est pas un « Je »... Lorsque nous éprouvons de la colère, nous ressentons et la nôtre et celle de l'humanité. C'est pour cette raison que nous évoluons rapidement en acceptant nos sentiments au lieu de les rejeter. Si nous rejetons notre tristesse, nous rejetons aussi celle de l'humanité. Si nous rejetons notre fatigue, nous rejetons tout autant celle de l'humanité. Plus nous nous séparons des autres et moins nous pouvons évoluer.

Pour l'Homme, la conscience est sans doute la deuxième voie de l'expérience, après le sentiment, parce que la conscience devient bien secondaire dans notre vie si nous ne vivons pas avec nos sentiments. Alors que l'hyper-émotivité et la perte de contrôle étouffent la conscience, si nous bloquons nos sentiments, nous ne faisons qu'entraver notre conscience. En bloquant nos sentiments, c'est notre conscience que nous bloquons. Chaque fois que nous retenons un sentiment, une émotion, c'est notre conscience que nous retenons. L'émotion libère la conscience et la conscience nous libère. Apprenez donc à vivre avec vos sentiments plutôt que sans eux.

Notre peur excessive de l'émotivité est irrationnelle, elle tient au fait que, dès l'enfance, l'expérience du corps est principalement une expérience de contrôle ; pas une expérience de plaisir ni de liberté. Le corps est contrôlé de façon dramatique, excessive et dangereuse même lorsque cela est fait au nom du plaisir ! Comment pouvez-vous libérer vos émotions et vos sentiments si vous devez en même temps empêcher votre corps de les exprimer ? La première conscience est celle du corps, laissez-la être.

La conscience est encore peu développée chez la plupart des Hommes. Le monde humain est celui des expériences ; chaque vie est une Expérience de sagesse, et pour que la conscience individuelle évolue, les expériences de chacun doivent être nombreuses et intégrées, c'est-à-dire comprises, car comprendre élève généralement le seuil de la conscience.

Le plus souvent, il nous faut une grande quantité d'expériences avant que nous ne comprenions ce qu'il est vital pour nous d'apprendre. Apparemment, nous pensons que le seuil de la conscience devrait ressembler à celui de la douleur d'une cellule ; pour certains, le seuil de la conscience serait élevé, alors que pour d'autres il serait bas… Ceux dont le seuil de conscience est élevé seraient plus résistants et plus forts que les autres. Pour la conscience, le seuil est infini.

Une compréhension plus juste est ce qu'il est convenu d'appeler un nouveau seuil de conscience. Les expériences ayant lieu en deçà de ce niveau de compréhension nous ennuieront. Elles ne nous stimuleront pas et elles entraîneront de la souffrance dans notre vie. C'est pourquoi vivre selon son degré de compréhension est essentiel à notre épanouissement et à notre bonheur de vivre.

La plus grande des expériences que nous puissions faire consiste à nous connaître nous-même. Si nous ne nous connaissons pas nous-même, nous restons un enfant. Se connaître soi-même, c'est accepter le fait que la vie a, à travers soi, un sens qu'elle n'aurait pas autrement ; c'est aussi accepter son intelligence particulière de la vie. Celui qui ne se connaît pas est un grand ignorant. Il est passif devant sa vie.

D'une certaine manière, nous avons le pouvoir de changer beaucoup de choses. Ce qui est important, c'est de ne pas nous considérer comme impuissant car l'impuissance n'existe pas. Ce que nous appelons l'impuissance n'est qu'un état d'inaction.

Notre conscience s'exprime parfois par notre sensibilité et même par notre sensiblerie. La première nous rend actif, la seconde, passif. Il faut comprendre qu'agir, c'est d'abord agir sur soi, sur sa propre conscience. Que nous puissions vivre avec la conscience de l'état du monde, cela nous oblige à reconnaître le vrai poids de la Réalité sur notre conscience. Maintenant, quel est le poids de notre conscience sur la Réalité ?

Il ne suffit pas de se connaître soi-même, il suffit de se connaître soi-même dans le Monde, dans un Monde guidé par la soif du pouvoir et par l'ignorance. Il ne suffit pas de devenir conscient et en paix avec soi-même, il suffit de devenir en paix avec soi-même dans un Monde troublé et peu humain. Il ne suffit pas d'aimer, il suffit d'aimer dans un Monde plein d'amertume et d'indifférence. Quel sera le poids de votre conscience sur cette réalité ?

Si notre conscience ne se laisse pas atteindre, ce n'est pas une conscience, c'est une non-conscience. Attendez-vous à être bouleversé, troublé, ému et profondément touché par toutes sortes d'événements, vous qui vivez avec votre conscience et la conscience des autres. Plus vous êtes conscient, plus vous êtes un être affectif pour qui la vie des autres est inséparable de la sienne.

La conscience n'est pas un bien-être dû à l'isolement intérieur. Notre conscience se réalise dans le sentiment profond de ce qui nous entoure, sinon ce que nous appelons conscience est un état de vanité. Si nous vivons avec notre conscience, nous vivons avec le sentiment des autres. Si, au contraire, nous perdons le sentiment des autres, nous sacrifions notre propre conscience pour en faire une petite tour où rien ne peut nous atteindre.

Notre conscience et la conscience des autres ne vont pas l'une sans l'autre. La conscience est l'identification à toute chose, à tant de choses que la disjonction « moi-eux » n'existe plus ou de moins en moins. Nous sommes à jamais « moi et toi ». La connaissance de soi est donc l'expérience de toute chose en soi-même. Elle n'est pas un concept de soi, ni une identité fixe. La connaissance de soi est l'expérience de soi et l'expérience de tout en soi.

Pour plusieurs, se connaître soi-même, c'est se critiquer, se dévaloriser. Ils ne peuvent s'identifier qu'à ce qui est négatif. Des pensées positives seront toujours meilleures que des pensées négatives, infiniment meilleures. Elles correspondent à l'entretien de notre maison : plus elle est propre, plus elle est belle et plus nous nous y sentons bien. Les pensées positives ou l'autosuggestion positive nous servent à faire le ménage, à nous nettoyer. Cependant, nombreux sont ceux qui entreprennent ce nettoyage seulement lorsque la maison s'écroule ou qu'ils sont malades. La guérison exige une grande force intérieure, n'attendez pas d'être à bout. Dans bien des cas, l'autosuggestion positive est nécessaire car plusieurs sont profondément négatifs et pessimistes et, en eux, l'autosuggestion négative est bien ancrée.

L'estime de soi ou l'amour profond pour soi-même reste la Pensée la plus positive et la plus juste qui soit. L'ignorance psychologique comme l'ignorance spirituelle sont largement responsables de la haine de soi. Le doute est la surface visible de cette haine envers soi-même. Plus nous doutons de nous-même, plus notre haine est grande et tenace. L'attitude dépressive est aussi une manifestation de la haine de soi. Le désir de mourir a ses racines profondes dans la haine de soi. Or, se haïr soi-même, c'est vraiment ne pas se connaître.

La haine de soi survient lorsqu'il y a trop d'ignorance par rapport au vécu. La personne se replie sur elle-même et se déteste. Pour éliminer la haine de soi, il faut éliminer l'ignorance. Dans ce sens, l'autosuggestion positive ne suffit pas. Il faut être en mesure de comprendre. Il faut donc accompagner toute approche positive de compréhension, d'information et d'intelligence, sinon l'ignorance demeure et, si elle demeure, la haine de soi persiste. L'amour de soi est le fruit de la connaissance de soi.

Si, par exemple, nous nous identifions à l'amour, ce concept devient : « Je suis amour. » Cette identification sera à l'œuvre dans tous les aspects de notre être. Si nous nous identifions à la sagesse, ce concept devient : « Je suis sagesse. » Cette identification agira sur toute notre personne. Voilà comment fonctionnent la conscience et la connaissance de soi. Si nous nous identifions à la petitesse de l'Homme, à son impuissance ou à sa soif de pouvoir, ces identifications agiront de même sur tous les aspects de notre être.

L'Homme se connaît donc à travers ce à quoi il s'identifie. Les concepts de soi sont ainsi constamment refaçonnés et assimilés par nos identifications. C'est pour cette raison que l'identification, qui est non seulement automatique mais dirigée, est la voie privilégiée de la connaissance de soi non intellectuelle, mais directe.

La personnalité est un état de conscience rudimentaire. Elle est même pour plusieurs un état d'inconscience parce qu'elle est complètement tournée vers l'extérieur. La personnalité est inachevée et, pourtant, elle guide la vie de plusieurs comme si elle était ce qu'il y a de plus noble et de plus élevé. Lorsque notre personnalité est devenue noble et élevée, elle est devenue aimante. Lorsqu'il en est ainsi, notre conduite est davantage dictée par notre conscience que par des traits dominants ou des images de nous-même.

Dans la mesure où ce sont plus les traits de notre personnalité que notre conscience qui nous gouvernent, notre personnalité détient la suprématie. Si notre trait dominant est de diriger, notre vie consistera à diriger notre maison, notre couple, notre famille, notre société, nos clients. Nous dirigerons avec la plus grande facilité et la plus grande ténacité, un trait de personnalité étant rarement épuisable.

La pathologie qu'il entraîne sous forme de maladie personnelle ou sociale correspond à notre résistance à la vie par le biais de ce trait.

La personnalité est une façon de réagir qui est si bien ancrée qu'elle est pratiquement permanente. Il n'y a que la conscience qui puisse nous faire découvrir l'intelligence de nos traits. La personnalité étant tournée vers les autres, nous devons tourner chaque trait vers nous-même plutôt que vers les autres afin de mieux en comprendre la nature. Tant que notre personnalité est principalement tournée vers les autres, elle ne peut être qu'une conscience rudimentaire, c'est-à-dire qui n'évolue pas vers une compréhension supérieure.

Comment celui qui a une forte tendance à diriger tourne-t-il cette tendance vers lui-même ? En se dirigeant lui-même. Il possède déjà une très grande force, mais, s'il ne la dirige pas vers lui-même, il sera un dominateur, tandis que s'il la dirige vers lui-même, il sera un Maître. Tout dominateur peut-il devenir un Maître ? Un sage ? Comme il possède la force naturelle de diriger, il sera plus facile pour l'être dominateur que pour les autres de devenir un Maître et un sage. Toutefois, sa préférence pour la domination plutôt que pour la maîtrise lui rendra également plus difficile d'évoluer vers la sagesse plutôt que vers la puissance.

Celui qui a une forte tendance à se conformer et à être docile doit aussi tourner cette tendance vers lui-même. Cette personne doit trouver son Maître intérieur afin de mettre sa docilité et sa tendance à l'obéissance au service de sa propre évolution plutôt que de celle des autres, sinon sa conscience demeurera bien rudimentaire malgré sa conduite exemplaire. Celui dont la tendance n'est ni de dominer, ni d'obéir mais de résister et de refuser l'autorité doit aussi retourner cette tendance vers lui-même. Il doit découvrir à quoi il résiste et quelle autorité il refuse en lui-même, autrement il évoluera dans la pure résistance à la vie.

Vous comprenez maintenant que, pour évoluer, vous devez tourner votre réaction au monde vers vous-même plutôt que de la tourner vers les autres. Au lieu de les transformer de l'extérieur par la punition ou par la discipline, vous devriez tourner sagement chacun de vos traits vers vous-même afin qu'ils servent votre vie plutôt que de servir les autres et leurs idéaux.

Ainsi, au lieu d'orienter vers les autres votre tendance à vouloir les aider à tout prix, orientez-la vers vous-même. Quel aspect de vous-même voudriez-vous « aider » à tout prix ? Votre tendance à plaire aux autres, tournez-la vers vous-même. À quel aspect de vous-même voudriez-vous plaire ? Votre tendance hédoniste, tournez-la aussi vers vous-même, et demandez-vous comment vous pouvez retirer le plus de plaisir de ce que vous êtes. Votre tendance à dramatiser, tournez-la vers vous-même, et trouvez en vous ce qui exige son importance. Cependant, rappelez-vous que lorsque vous dirigez vos tendances vers les autres, c'est le plus souvent pour les changer et, en faisant cela, c'est un de vos « soi » que vous reniez. En vous souvenant de cela, peut-être aurez-vous plus de bienveillance pour les autres.

Chaque aspect de notre personnalité est une réaction bien ancrée au monde. Voilà pourquoi il nous est si difficile de comprendre notre personnalité. Elle est une partie nécessaire et utile de notre survie psychologique. Mais comme défense psychologique, notre personnalité compromet notre conscience de nous. Et ainsi, notre survie domine notre vie. Par exemple, notre idéalisme peut dominer notre aptitude à la contemplation, notre tendance à l'inquiétude peut dominer notre sens de l'humour, notre passivité peut dominer notre endurance, l'intellectualisation dominer notre sagesse, la force dominer notre simplicité et notre volonté de puissance dominer notre volonté de bonheur.

Nous deviendrons heureux et conscient en mettant nos sentiments au service de notre conscience plutôt qu'en cherchant à les changer, ce qui changera nos pensées.

Nous ne pouvons réduire notre vie à une partie de nous-même, à un de nos traits, sans nous sentir dramatiquement diminué et sans souffrir de tout ce à quoi nous renonçons. Pour développer notre conscience, nous devons accepter toutes nos pensées, tous nos sentiments et tous nos traits. Nous devons également accepter que les autres soient des « soi » qui souffrent et qui manquent de bonheur ou d'appui et accepter que nous ne vivons rien seul.

Qui suit son cœur suit sa conscience. Le cœur est là où est la conscience, et penser, c'est penser avec son cœur. Nous oublions que la vie que nous avons et par laquelle nous pouvons aimer, penser et vivre est tout ce que nous possédons. Notre vie est notre unique possession. Nous ne possédons rien d'autre ; nous n'avons rien d'autre à perdre à chaque instant. D'ailleurs, quand nous pensons avec notre cœur, nous nous en rendons indubitablement compte et nous comprenons qu'il n'y a aucune différence entre notre vie et le moment présent : le cœur ne connaît que le présent.

Notre conscience n'est pas une question d'intelligence mais de réceptivité, ce qu'est la réflexion. Toutefois, la réflexion ne fait pas partie de notre efficacité quotidienne. Nous pensons que réfléchir fait immédiatement référence aux idées, aux pensées, et nous essayons de réfléchir avec des idées : « Pourquoi tel événement ? », « Qu'est-ce que je pourrais faire dans cette situation ? » Nous sommes en train de penser, nous cherchons à comprendre. La réflexion est tout autre chose. Dans l'état de réflexion, nous laissons notre voix intérieure nous parler.

Afin de réfléchir, il faut suspendre toute activité. Nous ne pouvons simultanément nous activer et réfléchir. Dans son sens le plus profond, réfléchir signifie calmer l'agitation, mettre un terme au bourdonnement intérieur des pensées et des sentiments qui les déclenchent. Tout arrêter : le bruit extérieur comme le bruit intérieur. Voilà ce qu'est réfléchir. Au bout d'un moment d'immobilité, quelque chose se reflète sur notre vie, quelque chose qui nous est insaisissable lorsque nous nous agitons et nous dispersons.

L'immobilité n'est pas une posture qui nous fige pour un bon moment, ce n'est pas non plus le résultat d'une transe. L'immobilité intérieure est l'état de réflexion dans lequel ce qui nous regarde est vu : notre conscience. L'immobilité intérieure est ce qui permet de percevoir ce qui est au-delà de soi et en même temps à l'intérieur de soi. Notre conscience est là, elle nous apparaît parce que nous suspendons notre agitation, notre vie extérieure.

Dès qu'un être pense par lui-même, sa propre conscience est mise au monde. Cependant, un bon nombre de pensées nous empêchent de penser. Nos pensées de peur, nos inquiétudes et nos déceptions nous empêchent de penser. Pour penser, il faut être capable d'un grand détachement et d'une grande ouverture. La plupart de nos pensées obscurcissent notre conscience, elles ne nous rendent pas lucide mais craintif. La conscience peut-elle être évitée ? L'Expérimentateur peut-il être nié à travers ses expériences ?

Dès que nous nous accrochons à une idée et que nous la défendons, nous évitons de penser et nous tentons de restreindre la conscience à une partie d'elle-même. Ne défendez aucun point de vue, ne faites que les exprimer. La conscience n'est pas un contenu de connaissances, de croyances et de conditionnements, elle est un processus. Tout ce que nous apprenons a pour but de nous rendre toujours plus réceptif. Si nous défendons des positions, sachons que nous le faisons aux dépens d'une partie de notre conscience et de notre vie, toute pensée n'étant qu'une parcelle de notre conscience.

Penser, ce n'est pas se critiquer ; nous ne devrions d'ailleurs jamais nous critiquer. En vertu de quoi nous critiquons-nous ? Lorsque nous nous critiquons et que nous critiquons les autres, nous refusons l'idée d'apprendre. Or, dans la mesure où nous apprenons, nous ne pouvons nous tromper.

La plupart de nos pensées sont limitatives et négatives ; elles sont le plus souvent inspirées par la peur. Par conséquent, peut-on dire qu'un être pense s'il a peur ? Il réagit à sa peur, mais pense-t-il vraiment ? Penser, c'est tenir le gouvernail, c'est poursuivre son chemin dans la tempête. Quand nous pensons, cela nous conduit à faire ce que nous aimons faire, à aller vers ce que nous aimons en dépit des obstacles. Peut-on dire qu'un être aime s'il a peur d'aimer ?

Ce n'est pas le manque de courage qui domine notre vie, c'est l'absence de but. Penser, c'est avoir un but ; c'est orienter notre conscience vers ce but ; plus notre but sera élevé, plus notre conscience le sera. Toutes nos pensées tendront vers ce but.

Ayez un but et votre conscience s'éveillera à ce but. Votre conscience marquera en elle-même votre progression vers ce but. Pour penser, il faut que vous ayez un but, sinon votre pensée tournera autour de vos peurs. L'ignorance et la confusion reflètent l'absence de but. Dès que vous avez un but, l'ignorance et la confusion disparaissent car le but éclaire la pensée. Ne vous souciez pas tant de vos pensées que de vos buts : vos pensées seront élevées si votre but l'est. Le but le plus élevé étant la joie, votre conscience sera joyeuse.

Penser, c'est avant tout vouloir quelque chose, c'est vouloir comprendre, vouloir être heureux, avancer, changer, c'est vouloir davantage ; c'est aussi vouloir quelque chose de quelqu'un, c'est désirer.

Encore plus que les autres, les penseurs, les Maîtres, les philosophes et tous les métaphysiciens veulent quelque chose des autres. Ces penseurs veulent quelque chose du grand nombre : ils veulent être aimés, entendus, compris…

Sans penser, sans désirer, l'action vers les autres serait impossible. Si la pensée a fait évoluer l'être humain, c'est essentiellement parce qu'elle a soutenu son désir ardent d'obtenir quelque chose des autres. Elle a conduit les humains à se lier les uns aux autres, à élaborer des plans ensemble.

Lorsque nous pensons à l'amour, nous pensons à la façon de l'obtenir et à la façon de le donner. Nous voulons quelque chose de quelqu'un. Notre pensée se transforme en désir, en intensité, ce qui nous amène à songer aux manières d'obtenir ce que nous voulons. Et c'est là que nous découvrons que, pour obtenir exactement ce que nous voulions, il nous a fallu aussi le donner. Si notre désir est aimant, notre volonté le sera.

En désirant quelque chose, nous nous élevons à la hauteur de notre désir parce que celui qui veut être aimé doit aussi être aimable et aimant : il doit donner ce qu'il veut recevoir. Celui qui veut être apprécié doit s'élever à la hauteur de ce qu'il veut : il doit manifester sa gratitude. C'est la loi de la pensée : être la cause du résultat. Tout être qui pense veut quelque chose de quelqu'un et, ce faisant, il s'élève à la hauteur de ce qu'il désire. Remarquez comment la pensée d'un être le fait progresser ou régresser en le rendant semblable à ce qu'il désire.

Notre pensée est notre seul Maître ; lorsque nous acceptons ce fait, il n'y a rien qui soit à notre épreuve : ni pressions sociales, ni rejet, ni conditions pénibles, ni doutes, ni contradictions, ni conflits. Une des principales causes de notre grande souffrance est justement que notre pensée n'est que partiellement le Maître de notre vie ; une idée, une émotion, un souvenir ou un sentiment dominent souvent toute notre existence...

Si notre pensée n'est pas le Maître de notre vie, alors qu'est-ce qui l'est ? En effet, il peut être rassurant de s'en remettre à des penseurs que nous jugeons supérieurs à nous, à des Maîtres, à des gourous. Bien que nous les déclarions supérieurs à nous, ils ne le sont pas ; personne ne l'est. C'est notre propre conscience, notre propre pensée que nous projetons sur ceux que nous considérons comme supérieurs à nous. Que nous chérissions Bouddha, Jésus, Mahomet, Aristote… c'est notre conscience que nous projetons sur eux. Tous ceux que vous jugez supérieurs à vous sont une projection de votre être. Ce que vous percevez en eux, c'est vous-même que vous niez en vous jugeant.

Aucune connaissance ne venant de l'extérieur, il faut donc que nous établissions un contact avec nous-même qui soit fidèle et indestructible. Il faut que nous nous donnions à l'invisible Connaissance qui réside en nous-même.

Nous avons la Connaissance intérieure de la vie, et le savoir intuitif n'est que la reconnaissance de ce fait. Cela ne va pas sans recherche personnelle, sans réflexion et sans étude. L'intuition peut se traduire en une façon de vivre fondée sur l'intériorité. Ce faisant, nous ne nous mettons pas à l'encontre de l'extérieur, nous ne nous replions pas sur nous-même dans un but introspectif ou non, nous ne faisons que connaître notre propre vérité à travers la connaissance intérieure de notre vie. L'intuition est avant tout une perception intérieure de notre réalité, une perception élevée de notre vie. La perception élevée de soi et de sa vie est nécessaire au développement de toute approche intérieure.

Tant que vous penserez que la Connaissance est extérieure à vous, vous ne développerez pas votre vie intérieure. Apprenez dans le seul but de connaître ce que vous connaissez… Penser par soi-même est un acte d'intelligence qui donne la connaissance intelligente de ce qu'il faut faire : vous développez votre intuition parce que vous vous estimez investi du pouvoir d'apprendre sans Maître, sans guide, sans ami autre que vous-même.

Le but de toute connaissance est de nous rendre plus lucide. La lucidité n'est pas un état d'érudition, c'est un état de discernement. L'intériorité conduit à l'omniscience par identification constante, ce qui nécessite ouverture et détachement. Par conséquent, nous développons notre intuition en apprenant avec détachement, en laissant nos connaissances se transformer en lucidité plutôt qu'en érudition. Notre intuition est la marque de notre lucidité et non de notre érudition.

Pour vivre intuitivement, nous devons accepter notre responsabilité personnelle et, à cet égard, notre individualisation est notre première responsabilité. En matière d'intuition, si nous ne suivons pas notre cœur, nous ne pouvons nous individualiser, car l'intuition est la voix du cœur, elle est l'écoute intérieure de soi et des autres. Écouter intérieurement les autres, c'est les connaître à travers l'empathie, c'est comprendre ce qu'il faut à cette personne, à cette situation ou à cette chose… S'écouter intérieurement, c'est savoir reconnaître ses expériences et accepter de les vivre.

En ne refusant aucune idée, aucun sentiment, aucun désir, nous nous ouvrons à notre vie intérieure. Lorsque nous refusons un état d'âme, une idée, un sentiment ou un désir, comment pouvons-nous être à son écoute ? Notre vie intérieure est la liberté de nos sentiments et de nos pensées. Nous emprisonnons nos sentiments, nos pensées et nos désirs comme nous emprisonnons ceux des autres. Chacun devient une prison de sentiments condamnés ! Que font les prisonniers, sinon de rêver à leur évasion ?

L'intuition est la liberté de ressentir et de penser. Lorsque nous disons d'un être qu'il pense, nous croyons sans équivoque qu'il cherche la vérité, et il ne vient à l'esprit de personne qu'il s'abaisse en pensant, en communiquant, en ressentant, en étant conscient. Jamais un être ne se diminuera en étant humain et jamais un être ne souffrira d'être humain s'il éprouve la joie de l'être, peu importe ce qu'il vit.

L'Homme ne peut être diminué que s'il ne s'identifie pas à soi-même : nous nous réduisons alors à n'être qu'une très insignifiante réalité consciente. Si nous voulons qu'un sentiment, qu'une idée nous appartiennent, laissons-les libres : identifions-nous à eux ; ils nous instruiront, puis passeront. Sachons qu'en étant entièrement un sentiment, une pensée, un désir, l'expérience a lieu, tandis qu'en n'étant qu'une partie de nous, l'expérience n'a pas lieu. C'est de là que découle l'intuition. Un seul sentiment peut nous garder captif toute notre vie, une seule pensée erronée peut garder prisonniers un énorme talent, une gigantesque force en nous et toutes nos possibilités. Nos idées et nos sentiments nous rendront captif si nous ne les libérons pas. Notre pensée peut être de l'ordre du pressentiment, de l'imaginaire et de la clairvoyance, mais elle exprime surtout la liberté de nos sentiments et de nos pensées. Ce que nous vivons affirme ce que nous pensons.

Pour devenir intuitif, nous devons percevoir nos actions et nos paroles comme étant des enseignements car c'est ce qu'elles sont. Ce que nous faisons aujourd'hui, nous le faisons pour apprendre ; ce que nous ferons demain, nous le ferons pour apprendre encore. Pour développer notre intuition, nous devons d'abord reconnaître que c'est par elle que nous agissons.

Nous devrions percevoir notre vie comme le résultat de notre identification à nos pensées. Nous pouvons les choisir. Si nous voyons toutes nos actions comme des actes d'apprentissage, notre vie ne peut qu'aller de réussite en réussite, et nous cessons de nous voir comme quelqu'un qui n'apprend rien. Si nous faisons tout pour apprendre, comment pouvons-nous demeurer passif, sinon que de refuser d'y réfléchir ? D'ailleurs, avons-nous des livres faits sur mesure pour nous, afin de nous instruire et de nous indiquer ce que nous devons faire maintenant ? Notre pensée est le libre arbitre.

Nous ne pouvons aimer notre vie intérieure en vivant dans la peur et l'appréhension. Considérons plutôt que tout ce que nous pensons, nous le pensons souvent par manque de réflexion et de compréhension ; ainsi, nous entreprendrons de développer notre vie dans un état d'esprit approprié. Tout ne reflète que notre degré de compréhension et, trop souvent, nous l'ignorons. Nous avons choisi notre conjoint, notre travail, notre situation pour nous enseigner la liberté, la joie, etc. Nous ne pouvons être ouvert et continuer à douter de nous-même, de nos élans et de nos conduites. Tout comportement, chacune des situations que nous vivons peuvent être transformés en leçon. C'est pour apprendre ce qui est vrai que nous faisons tout ce que nous faisons. Nous sommes guidé par la Connaissance intérieure de notre vie.

Pour développer notre pensée, nous devons développer notre conscience des autres. Autrement, nous ne pourrons pas développer notre affectivité, notre émotivité, notre pensée et notre force intérieure. Le savoir de chacun se développe avec le sentiment de sa responsabilité personnelle envers lui-même et les autres. Il est sa propre intelligence qui se déploie dans l'obscurité et l'incertitude, apportant toujours plus de lumière et plus de certitude. Notre propre savoir est tout ce qui nous a permis d'avancer et tout ce qui nous permet de ne pas nous arrêter seul et avec les autres. La vie intérieure est centrée sur la découverte de sa propre vérité, elle est auto-enseignement et lucidité, car le professeur et l'élève sont le même, en nous et entre nous.

L'identification

Nous concevons souvent la conscience comme un contenu, mais elle n'est pas un contenu : elle est un processus. Elle est le processus par lequel nous nous identifions, et c'est cette identification constante qui crée la conscience permanente. Toutefois, l'identification n'est qu'un moyen de mieux comprendre de l'intérieur, par expérience directe, notre vécu : le but est le détachement. Lorsque nous nous identifions complètement à une de nos expériences, c'est à un concept de nous-même que nous nous identifions, non plus à nous-même, et alors nous faisons un avec ce concept. En nous identifiant entièrement à un préjugé ou à une croyance à notre égard, nous limitons gravement notre liberté intérieure à ce concept, lequel traduit une compréhension arrêtée de nous-même.

On nous a enseigné que nous sommes identique à nos expériences : nous sommes ce que nous pensons, ressentons et faisons. Mais notre identité réelle ne provient pas de nos concepts de nous-même, elle consiste à être libre. Notre principale tâche psychologique consiste à constamment nous libérer de ce que nous ne sommes pas : de ce que les autres et nous-même pensons, de ce que les autres vivent et de ce que nous vivons. Bref, pour rester libre, nous devons constamment nous libérer de la vie des autres et de notre propre vie. Notre degré de liberté intérieure face aux expériences des autres et aux nôtres traduit notre degré de santé mentale.

L'important n'est pas ce que nous vivons, pensons, ressentons et faisons, mais plutôt d'en rester libre. L'expérimentateur est le terme utilisé à l'occasion dans ce livre pour désigner le sujet que nous sommes, pour souligner l'impossibilité que nous puissions être assimilé par nos expériences, même si nous nous laissons assimiler par les concepts de nous-même. Ce terme pourrait être le Soi ou l'Être, mais le concept d'expérimentateur permet mieux de comprendre que nous ne sommes pas identique à nos expériences ; nous sommes identique à notre liberté intérieure, laquelle est absolue confiance en soi. Pour faire un avec nous-même plutôt qu'avec l'expérience et le concept de soi qui en découle, nous devons faire un avec notre liberté intérieure.

Pour comprendre, il faut s'identifier à ce qu'on cherche à comprendre, mais seulement pour ne pas buter contre l'expérience, non pour devenir identique à elle. Nous faisons un avec elle uniquement pour la comprendre, car nous ne comprenons de l'intérieur qu'en faisant un avec la chose, l'idée, la personne, l'état d'âme, la situation. Nous intellectualisons parce que nous nous distinguons de notre vécu, et cette façon de faire nous prive de comprendre : il faut faire un avec ce que nous voulons comprendre, pour nous libérer de lui. Qui s'est jamais identifié à une de ses cellules, à un atome, à une onde, à un amant, à un enfant ?

Ne peut trouver ce qu'il cherche que celui qui s'identifie à ce qu'il cherche. Il n'y a pas de route plus secrète ni plus accessible que celle-ci.

Lorsque notre mode de vie est fondé sur notre liberté intérieure, c'est-à-dire lorsque nous faisons un avec elle, nous vivons de manière à toujours dépasser notre conscience; il n'y a ni obstacle ni résistance en nous. Faire un avec sa propre liberté intérieure est la plus haute expression de la conscience. En nous identifiant à plus petit ou à plus grand que nous, pour les comprendre, nous dépassons le connu: nous restons libre.

« Être » prend tout son sens dans l'acte de faire un avec sa liberté intérieure. Comment pouvons-nous « être » et ne pas être libre?

Nous ne pouvons juger et en même temps nous identifier. En jugeant, nous ne laissons plus entrer quoi que ce soit, ni qui que ce soit, car lorsque nous jugeons, nous nous fermons. Nous perdons notre liberté intérieure. Rien ni personne ne peut entrer en nous…

Nous donnons de la réalité à une personne, à une idée, à une valeur, à une étoile, à l'amour, chaque fois que nous nous identifions à cette personne, à cette chose. Si nous ne pouvions nous identifier à l'amour, l'amour pourrait-il exister pour nous? Si nous ne pouvions nous identifier à la haine, la haine pourrait-elle exister pour nous?

Tout ce à quoi nous pouvons nous identifier devient réel de l'intérieur pour nous; voilà le libre arbitre. Nous nous identifions à une idée, elle devient expérience pour nous; nous nous identifions à une personne, elle devient expérience pour nous; nous nous identifions à un

Maître, il est expérience pour nous. Notre réalité est notre expérience.

En étant des expériences pour nous, les choses nous rendent nous-même plus conscient... L'identification est la source d'expérience la plus pénétrante pour notre conscience. Être, c'est faire un avec notre pensée, notre perception, notre désir et non nous en dissocier intellectuellement pour mieux les comprendre par l'intermédiaire du jugement. « Je suis » est l'expérimentateur, et tout ce qui s'y ajoute est l'expérience de faire un avec. L'identification rend l'expérimentateur immuable, et l'expérience, moins puissante que lui. Autrement, c'est l'expérience qui a le pouvoir sur nous.

La réalité a besoin d'être vivifiée. Si, par exemple, nos cellules cessaient de s'identifier à nous, nous cesserions d'exister... Si nos proches ne s'identifiaient pas à nous, il n'y aurait aucun lien de sang, aucune transmission génétique, aucune transmission sociale. Si les Grands ne s'identifiaient pas à nos consciences, celles-ci ne seraient pas soutenues.

La conscience n'est possible qu'en faisant un par l'identification. Telle chose ou telle personne a-t-elle une réalité en dehors de notre conscience ? Elle a une réalité pour elle-même si elle s'identifie aux éléments visibles et invisibles qui l'entourent et qui la constituent. Elle a une réalité pour les autres si ceux-ci s'identifient à elle. Les animaux sont-ils réels pour eux-mêmes ? Seuls ceux qui peuvent s'identifier le sont.

Parce qu'ils ne voient pas la force de leur être dans le un, nombreux sont ceux qui dévalorisent l'identification, la considérant comme quelque chose qui diminue leur sentiment d'identité personnelle. Ils ne parviennent pas à faire un avec ce qui leur est extérieur. L'identification n'est pas un acte intellectuel, *elle* est un acte de *fusion*, d'union profonde entre nous et un autre, entre nous et autre chose, entre nous-même et un autre de nos « soi » ; aucune réalité ne saurait être plus grande.

Faire un avec quelque chose, c'est devenir plus grand que cette chose. S'identifier à une chose ou à quelqu'un, c'est en soutenir la réalité. Notre état de séparation limite notre conscience qui est un état de fusion entre notre réalité et la totalité du réel. Plus la conscience d'un être est élevée, moins il est séparé du reste de la Réalité. Plus un être est conscient, moins il condamne ce qui l'entoure. Il porte en lui-même la Réalité, et porter en soi une réalité plus grande que la sienne, c'est s'élever, c'est être conscient.

Notre réalité est tout ce que notre conscience peut embrasser. Elle est tout ce avec quoi nous pouvons faire un. La réalité et le Soi sont reliés. Plus nous nous identifions à un grand nombre de choses et de situations, plus il y a de Soi, plus grande est notre réalité et plus grande est notre conscience.

Notre réalité est vraiment notre choix : nous pouvons vivre séparé ou pas. Notre solitude découle de ce que nous ne nous élargissons pas nous-même en nous identifiant. Si nous n'accroissons pas ce que nous sommes, notre être, alors nous nous diminuons et cela nous mène à la solitude. Ne vous identifiez à rien ni à personne et votre réalité ne sera qu'errance et solitude.

Lorsque nous nous identifions à un autre, il nous apporte l'essentiel : il augmente notre être et notre capacité d'aimer. Tout ce qui nous rend plus grand découle du fait que nous faisons un par l'identification. Aimer, c'est s'identifier, c'est faire un.

La conscience procède de l'expérience du cœur, elle vient de l'expérience d'aimer. Si un être n'aime pas, il ne peut devenir conscient car il ne peut s'identifier. S'il ne s'aime pas, il ne peut s'identifier à lui-même, à ce qu'il vit et à ce qu'il est. L'inconscience est d'abord l'absence d'amour pour soi-même, et ensuite pour les autres.

C'est faire un avec toutes les formes de vie par l'entremise de l'identification qui nous rend réel pour nous et qui nous permet d'aimer. Lorsque nous nous identifions à notre tristesse, nous faisons ce qu'il faut pour nous-même ; lorsque nous nous identifions à notre détermination, nous faisons ce qui doit être fait ; lorsque nous nous identifions à notre vie intérieure, nous cherchons et nous trouvons en nous-même. Nos sentiments et nos émotions deviennent réels pour nous lorsque nous nous identifions à eux.

Seul ce avec quoi vous faites un existe pour vous. Si vous vous identifiez à Dieu, Il existera pour vous, et si vous ne vous identifiez pas à Lui, Il n'existera pas pour vous. Vous vous identifiez naturellement à vos valeurs, à vos croyances, au vieillissement, à la maladie et à la mort, mais pouvez-vous vous identifier à la vie ?

Pour vous identifier à la vie, vous devez vivre le moment présent, vous devez savoir au fond de vous-même qu'il n'y a aucune différence entre votre vie et le moment présent. Identifiez-vous à toute chose et vous saurez que la vie, c'est tout ce qui entre dans votre vie ; la réalité, c'est tout ce qui fait partie de votre vie. Votre grandeur dépend de l'un. Vous croirez à votre grandeur seulement lorsque vous croirez à celle des autres. Rappelez-vous que celui qui s'identifie est plus grand que ce à quoi il s'identifie.

Nous vivons par progressions successives : l'enseignement intérieur n'arrive ni soudainement, ni de façon imprévisible ; nous nous en approchons progressivement, en franchissant un nombre incalculable d'étapes. Chaque fois que notre conscience saisit quelque chose de plus grand qu'elle-même, il y a progression, il y a un enseignement personnel. L'enseignement personnel est un véritable enseignement. Plutôt que de chercher partout, un jour c'est en nous-même que nous cherchons et trouvons.

L'individualisation

Notre individualité est toute notre liberté. Personne n'est forcé de s'individualiser. Les lois ne prévoient pas de sanctions contre ceux qui refusent de s'individualiser. Hélas, ceux qui s'individualisent sont souvent rejetés ou négligés par les autres car, socialement, la normalité prévaut sur l'individualité.

L'individualisation de soi est certainement la plus grande forme de respect que l'on puisse avoir pour la vie. Un être se respecte lorsqu'il pense personnellement, lorsqu'il aime et qu'il agit en son nom. Nous nous respectons lorsque nous acceptons notre individualité et que nous la partageons.

Le refus de l'individualisation est souvent à la source de la maladie, car refuser de s'individualiser, c'est refuser sa vie.

Nous sommes peu nombreux à avoir le courage de nous individualiser car, en nous individualisant, nous plongeons dans l'inconnu, dans la solitude, le tourment et l'angoisse jusqu'à ce que nous acceptions le fait que notre individualité est identique à notre vie, à chaque moment.

L'insécurité s'empare du cœur de celui qui s'individualise et qui apprend de lui-même. Ces moments d'insécurité ne sont que passagers. D'ailleurs, si vous recherchez la sécurité, ne cherchez pas à vous individualiser, n'apprenez pas, ou sinon désapprenez qu'il faut vivre, aimer et penser d'une seule manière. Comment une seule manière d'être pourrait-elle convenir à tant d'individus uniques ?

En fait, l'individualisation et l'identification, faire un avec soi et les autres, sont deux aspects de la même réalité. Lorsque nous nous identifions aux autres, nous atteignons un degré d'individualisation égal à notre identification. Par conséquent, un être hautement individualisé est un être qui s'identifie hautement pour être.

La conscience ne repose par ailleurs ni sur la morale ni sur la religion, mais bien sur l'amour de soi. C'est pour cette raison que chaque vie est une Expérience de sagesse qui se fonde sur l'amour de soi. Celui qui ne se considère pas comme supérieur à quiconque possède une conscience élevée. Celui qui ne se considère pas comme inférieur à quiconque témoigne d'un amour élevé pour lui-même ; sa conscience est sa propre individualité.

Le premier travail spirituel de chacun est l'individualisation. Sans elle, il n'y a pas de conscience, il n'y a que le conformisme, la passivité et l'infantilisme. L'individualisation est la conscience. Chacun doit connaître et reconnaître qui il est dans ce qu'il fait. Chacun doit posséder ses propres sentiments et ses propres pensées. Ce sont souvent la peur et le doute qui retardent notre individualisation.

Nous doutons de tout : de l'amour, de la grandeur de l'amour, de nos vertus, de notre intelligence et de notre perfection. Nous passons plus de temps à sonder nos incertitudes qu'à nous individualiser. Et pourtant, comment pouvons-nous « être » et en même temps douter ?

Lorsque nous doutons, il n'existe plus pour nous autre chose que notre doute, nous en oublions qui nous sommes et où nous sommes. Le doute est le poison le plus redoutable que l'être humain produise en lui et autour de lui. La meilleure façon de ne pas créer de doute, ni en nous, ni autour de nous, c'est d'être nous-même, et nous n'y arriverons que si nous nous individualisons. Si nous voulons nous individualiser, éliminons de notre vie le doute et la culpabilité.

L'enfant et l'adulte apprennent de la même manière : par l'individualisation. Pour l'enfant, il suffit de dire « moi », de penser « moi » pour garder intacte sa ferme volonté de s'individualiser, mais l'enfant rencontre évidemment plus d'obstacles que l'adulte. La volonté des autres agit plus fortement sur la sienne.

Dans une société qui aurait pour fondement le développement individuel, il n'y aurait pas de surpeuplement, ni d'États séparés, ni de familles assumant seules la responsabilité de l'éducation des enfants. L'homme et la femme ne seraient pas divisés par leur individualité. Dans un tel monde, tout enseignement se fonderait sur l'individualisation de ses membres.

Dès que nous voulons appartenir à un groupe, à un statut, à une organisation, il est plus difficile de nous individualiser. Pourtant, nous cherchons par tous les moyens à faire partie d'un ensemble, d'une unité. Qui peut dire : « Je n'appartiens à rien, à aucun pays, à aucune profession, à aucun être, à aucun passé, à aucune histoire » ? N'appartenir à rien, c'est être libre. Nous avons peur de n'appartenir à rien parce que cela nous donnerait l'impression d'être révolté. Mais l'Homme véritablement libre n'appartient à rien. L'Homme qui s'individualise n'appartient à rien.

Le dépouillement est nécessaire à quiconque veut s'individualiser car, pour partager avec autrui un simple avis personnel ou une thèse particulière, il faut en être détaché. Si nous croyons posséder la vérité, nous ne pouvons parvenir au dépouillement. Le discernement découle bien plus de la recherche de la vérité que de l'assurance de la posséder.

Pourtant, chacun de nous revendique la suprématie, chacun aspire à être supérieur à un autre, alors que nous ne pouvons être supérieur qu'à nous-même, et encore… Comment un être peut-il être supérieur à lui-même ? La seule suprématie humaine que nous pouvons vraiment souhaiter, et qui soit naturelle, est celle de l'individualisation sur l'assimilation.

D'ailleurs, la plus haute expression de l'intelligence humaine est notre individualisation. Pour y accéder, nous n'avons qu'à faire ce qui a du sens pour nous. Si rire a du sens pour vous, riez ! Si étudier a du sens pour vous, étudiez ! Si être amoureux a du sens pour vous, soyez amoureux ! S'individualiser, c'est s'aimer !

Notre individualisation nous fait renaître, elle nous libère de la conscience inférieure, de notre socialisation. Si nous n'avons pas encore pris le risque d'être différent, nous n'avons pas encore commencé à nous individualiser, et si nous ne nous estimons pas unique, nous ne verrons pas la nécessité de l'être.

Notre individualité est tout ce que la culture, les connaissances, les conditionnements et la personnalité n'ont pu toucher, modifier ou anéantir en nous. Nous devons tous transcender ce que nous savons et ce qu'on nous a appris. Si nous nous rebellons, nous n'allons pas au-delà de ce qu'on nous a appris. Si nous nous isolons, nous n'allons pas non plus au-delà de ce qu'on nous a appris. Nous ne dépassons ce que nous avons appris que lorsque nous nous dépassons nous-même, et cela n'est possible que par l'individualisation.

De son côté, l'ego correspond à une identité personnelle limitée. Nous essayons de vivre sans nous individualiser, et donc sans aimer, sans penser... Il ne faut pas essayer de vivre sans penser, il ne faut pas essayer de vivre de manière impersonnelle, sans ressentir, sans communiquer, sans créer... Celui qui vit ainsi se donne la mort spirituelle, qui n'est rien d'autre que l'inexistence de soi.

L'ego se limite à notre passé et à nos conflits, à nos goûts et à nos désirs. Il traduit nos différences. De par sa nature, l'ego est exclusif, il n'est pas inclusif comme l'est notre liberté. Si nous nous identifions à l'amour et à rien d'autre, notre individualité sera amour. Si nous nous identifions à l'amour et à l'intelligence, notre individualité sera amour et intelligence. Si nous nous identifions à l'amour, à l'intelligence et à l'humanité, notre individualité sera amour-intelligence-humanité. Si nous nous identifions en plus au pouvoir, notre individualité sera amour-intelligence-humanité-pouvoir. Notre individualité n'est que ce à quoi nous pouvons nous identifier. Plus nous nous identifions à toutes sortes de choses et de personnes, plus notre individualité sera grande.

Si nous nous identifions à notre liberté intérieure, notre individualité ne connaît ni limites ni conflits... La vraie vie spirituelle, c'est la vie personnelle.

Être

Lorsque nous possédons l'intelligence fondamentale, nous ne voulons pas être autre chose que ce que nous sommes et nous ne voulons pas occuper une autre place que la nôtre. L'intelligence fondamentale est l'acceptation de soi. « Être », c'est s'aimer, et pour *s'aimer*, il faut être soi-même.

Pour exister, nous devons affirmer notre existence. Beaucoup de parents trouvent inacceptable que leur bébé affirme son existence car ils veulent le contrôler. La plupart des parents ne font pas de distinction entre éduquer leur enfant et le contrôler. Quiconque se laisse contrôler par autrui, même s'il ne s'agit que d'un enfant, devient à ses propres yeux un être inacceptable. Nous oublions que les émotions et les sentiments qu'éprouve l'enfant, même s'il les exprime de manière immature, sont des sentiments profonds qui laissent souvent des marques dans son existence.

Celui qui s'accepte ne se laisse pas contrôler par les autres, il s'affirme sans violence parce qu'il crée avec lui-même un lien qui est sans limites ; il s'aime sans condition.

Un être peut-il penser s'il ne s'aime pas ? Peut-il ressentir s'il ne s'aime pas ? Peut-il communiquer s'il ne s'aime pas ? Peut-il être conscient s'il ne s'aime pas ? Peut-il créer s'il ne s'aime pas ? Sans amour envers nous-même, nous ne pouvons pas « être ».

Lorsqu'un être s'aime, il ne se laisse pas définir par les autres. Ainsi, pour contrôler quelqu'un, faut-il l'empêcher de s'aimer. Vous empêchez quelqu'un de s'aimer en voulant le changer, en voulant qu'il soit à votre image. Souvent, l'amour que vous témoignez aux autres n'est possible que grâce au refoulement de votre colère, une colère dans laquelle ils vous mettent en étant différents de vous. L'amour que les autres vous inspirent découle souvent de votre absence d'amour pour vous-même. Votre vision négative de vous-même vous donne l'impression que les autres sont supérieurs, et donc dignes de votre amour, tandis que vous n'êtes pas digne du leur.

L'amour ne sauve personne de l'extérieur. L'amour de soi est le plus grand amour, le seul qui soit à l'origine de tout amour. La vie assiste à un miracle, au plus grand des miracles, lorsqu'un être s'aime en dépit de toutes ses souffrances et de ses difficultés. Les plus grands miracles, c'est l'amour de soi qui les produit.

« Être », c'est vivre dans le présent. Notre seule liberté réside dans le moment présent, et non dans un concept de nous-même, quel qu'il soit. Notre identité ne peut devenir consciente que si nous savons profondément qu'elle est toute dans le moment présent. La conscience de notre liberté est la conscience de notre réalité de chaque moment...

Tout ce que nous cherchons à oublier, à éliminer, à refouler, à nier, tout cela nous empêche d'être dans le présent. Lorsque nous rejetons ne serait-ce qu'une seule partie de nous-même, nous nous rejetons en entier. Il n'est possible de vivre le présent que s'il est toute notre vie : il n'en est pas qu'une petite partie, qu'une heure ou deux de notre vie. Quand nous vivons en nous acceptant nous-même, nous vivons maintenant, car nous savons toujours que nous sommes « maintenant ».

Le moment présent est puissant, plus puissant que notre peur, que notre mort, parce qu'il est notre réelle liberté ; à lui revient l'entière conscience de notre existence. Notre liberté ne devrait pas être un concept ; dans la mesure où elle se fond au moment présent, elle est l'entière liberté d'être et d'agir maintenant. Chaque expérience que nous voulons retrancher de notre vie a pour effet de nous soustraire davantage au moment présent, et nous perdons alors notre seule possibilité d'« être ». Nous n'avons que le moment présent pour « être »…

Pour « être », il faut pouvoir accepter notre intelligence propre, l'ensemble des expériences que nous avons connues au-delà de cette vie même, et qui continuent de nous forger. Nos expériences, de la plus lointaine à la plus récente, continuent de nous façonner. Le temps est impuissant à maîtriser l'expérience. Notre naissance continue de nous former ; tel incident, tel moment, telle rencontre continue d'agir sur nous… Ce qui nous a manqué, ce que nous avons préféré, ce que nous avons espéré continue de nous modeler car l'expérience échappe au temps ; le temps n'a pas de prise sur le fait d'« être ». Lorsque nous refusons notre enfance, notre adolescence ou toute autre expérience que nous avons vécue, nous essayons de nous défaire de quelque chose qui nous forme encore, c'est une tâche impossible à accomplir sans liberté intérieure.

Reconnaître cela, le ressentir sagement, voilà ce qu'est le sentiment de liberté intérieure. Il n'y a pas de barrière entre nous et notre passé. Nous essayons d'en ériger et, pourtant, c'est impossible. Rien ne nous sépare de nos expériences, sauf le déni. Cette séparation fictive nous cause pourtant de grandes souffrances. Il nous serait plus utile de comprendre comment nos expériences anciennes façonnent notre vie que de tenter vainement de les oublier et de les nier.

Acceptez donc chacune de vos expériences et vous vivrez votre vie comme quelque chose de parfait. La perfection n'est pas un résultat final, beau, grand et insurpassable ; elle est l'état de non-dualité, l'état de liberté. À quoi pourrez-vous vous unifier pleinement si vous le faites avec si peu de vos expériences, avec si peu de vous-même ? Vivre dans le présent sera alors une illusion temporelle.

Vous avez cru que, pour vous adapter et pour survivre, il vous fallait éliminer de votre vie vos expériences douloureuses. Or, aucune adaptation n'est vraiment possible de cette manière. Vous pouvez faire abstraction de votre souffrance en l'oubliant, mais votre corps s'en souvient et tout ce qui passe à travers lui doit traverser cette souffrance refoulée. Votre liberté accepte de souffrir de votre conscience pour la former : si votre corps souffre, c'est que votre liberté souffre… Nous souffrons de notre vie en revivant le passé, non en vivant maintenant.

Nous parlons de la conscience d'un homme sans jamais voir cette conscience, et pourtant la conscience est un concept universellement admis. Nous attendons de voir la liberté pour y croire. Toutefois, nous croyons à l'ego et personne n'a jamais vu l'ego, tout comme nous croyons à la personnalité sans que personne ne l'ait jamais vue.

Nous serons plus libre lorsque nous comprendrons mieux notre être, car nous saurons que tout ce que nous pensons et éprouvons à l'égard de l'autre, nous ne le vivons pas seul. Nous ne vivons rien seul. Nous serons plus libre lorsque nous saurons que notre conscience est dans toutes les consciences : « être » est un haut niveau de conscience.

Le Dieu personnel

Les humains cherchent Dieu parce que seule la perfection compte réellement pour eux, seule la perfection est vraie. Nous cherchons donc Dieu, la perfection.

Nous n'avons jamais vu Dieu et peut-être ne le verrons-nous jamais. Nous sommes condamné à l'imaginer et nous ne savons le reconnaître qu'à travers ce qui est profondément humain : l'amour et tous les miracles qu'il accomplit pour nous. Si nous tenons à être semblable à Dieu, nous devons donc aimer. Dieu est l'action d'aimer. Pour aimer, il faut être amour...

Nous n'aimons cependant que les « bons » ; nous les plaçons d'un côté, et les « méchants », de l'autre. Nous ne pouvons connaître Dieu tant que nous séparons les « méchants » des « bons ». Nous ne pouvons saisir toute la Vérité tant que nous faisons une distinction entre nos propres pensées, nos propres sentiments et les mêmes pensées, les mêmes sentiments chez les autres.

Nous oublions que ceux que nous n'aimons pas ne sont que des reflets de nos propres émotions, de notre intolérance et de notre haine personnelle ; nous oublions qu'ils sont des « soi » qui se chargent d'exécuter nos propres crimes, nos propres indécences. Ils sont les reflets de nos pensées morbides et de nos sentiments cruels. Nous nous donnons bonne conscience en les jugeant, en les emprisonnant et en les traitant comme s'ils étaient inhumains, mais nous nous mentons en pensant que nous sommes innocent alors qu'eux ne le sont pas. Personne n'est innocent, et celui qui se croit innocent est tout simplement un être désintégré qui ne peut percevoir ses « soi » dans les autres, « bons » ou « méchants ».

Le bien comme le mal reflètent la conscience. Ils ne relèvent pas de la morale mais plutôt de la conscience. Ce que nous faisons est autant un reflet de notre conscience que ce que nous omettons de faire. Notre conscience est concrète. Où situons-nous le bien : dans ce que nous faisons ou dans ce que nous ne faisons pas ? Le bien que nous faisons n'a de vraie valeur qu'à la lumière de celui que nous omettons de faire. Tout ce que nous faisons se mesure d'abord à ce que nous ne faisons pas. Parler de la « connaissance du bien et du mal », c'est essentiellement comparer le bien que nous faisons à celui que nous ne faisons pas.

Pour l'être très conscient, Dieu est Identification. Pour lui, la réalité « moi-eux » n'existe pas ; il n'y a qu'un « Nous », nous les tueurs, nous les criminels, nous les violeurs, nous les dictateurs, nous les politiciens, nous les penseurs, nous les guérisseurs, nous les guides… Celui qui est prêt à vivre au « Nous » plutôt qu'au « Je », celui-là est sûrement celui qui se rapproche le plus de notre idée de Dieu.

Si nous voulons vraiment voir Dieu, nous devons nous regarder nous-même à l'œuvre et comprendre profondément que personne n'agit vraiment seul ; aucune de nos pensées, aucun de nos sentiments n'échappe au reste de l'univers. Nous devons accepter qu'il n'y ait pas de différence entre nos œuvres et celles des autres, entre leurs pensées et les nôtres. C'est cependant sans gratitude, sans humilité que nous apprenons de leurs expériences et de leurs souffrances.

Le seul Dieu qui nous soit accessible est Identification, et l'*identification* est l'absence de différence, c'est la réintégration de tous nos « soi » dans notre conscience afin de retrouver le Soi. Pour voir Dieu, nous devons donc voir nos « soi », nous devons nous identifier à eux. Notre vie spirituelle prend donc racine dans notre identification aux autres et à toute forme de vie. Sans identification, il n'y a pas de vie spirituelle.

Notre vie spirituelle est notre vie telle que nous la choisissons. Il n'y a pas de vie spirituelle, de vie portée vers Dieu qui soit plus élevée que notre vie ordinaire : il n'y a que notre vie. C'est le choix de notre vie qui confère à notre existence sa dimension spirituelle.

Pour concevoir cela et pour comprendre que notre vie nous fait nécessairement progresser, nous n'avons qu'à imaginer dans quelle mesure nous voudrions vivre la vie d'un autre plutôt que la nôtre. En adoptant son style de vie et sa situation personnelle, chacun fait un choix spirituel.

Notre vie est remplie d'embûches et de déceptions, parsemée de joies et d'espoirs. Chacun cherche la lumière à travers sa vie ordinaire, et c'est effectivement là qu'il la trouve. C'est cette recherche qui constitue notre vie spirituelle. C'est pour cette raison que tout ce que nous vivons d'ordinaire est spirituel.

Pourquoi érigeons-nous cette barrière entre la vie ordinaire et la vie spirituelle ? Pourquoi considérons-nous la première comme banale et l'autre comme souhaitable ? Plusieurs désirent une autre vie ; même si c'était possible, cette nouvelle vie n'en serait pas moins spirituelle et comporterait de nouveaux dilemmes et de nouvelles contradictions. Il faudrait aussi apprendre à l'aimer. La relation à notre vie est notre relation à Dieu.

La vraie quête spirituelle, le vrai défi pour chacun de nous, c'est de s'en tenir à être heureux, c'est d'aimer en dépit de toutes les circonstances. Notre véritable destin spirituel, c'est que nous en arrivions à aimer notre vie.

Notre spiritualité n'est rien d'autre que tous les efforts que nous faisons pour nous élever au-dessus de notre condition humaine et personnelle ; elle n'est rien d'autre que tous les efforts que nous faisons pour nous réaliser. La vraie quête spirituelle est le dépassement de soi dans la vie ordinaire, sans résister à cette vie, sans résister à ce que nous sommes.

Plusieurs fondent en Dieu leur vie spirituelle, mais Dieu n'est notre vraie vie spirituelle que si nous nous identifions aux autres et à toute chose. Dieu est davantage une solution à nos difficultés qu'Il n'est une quête spirituelle ; nous aspirons en effet à être aimé de Dieu, à être pardonné par Lui, à être comblé par Lui... Dieu est la solution facile à notre dilemme humain, car ce que nous recherchons véritablement en cherchant Dieu, c'est plus l'absence de souffrance que la joie. Il nous manque la sagesse d'entrevoir notre existence comme étant la seule expression de notre vie spirituelle.

La vraie vie spirituelle n'est donc pas la recherche de Dieu ou des vérités du monde invisible, c'est la recherche personnelle de la sagesse. L'illumination est le fruit de notre propre sagesse et non de celle des autres ; elle est la sagesse que nous apportons à tout événement et à tout être.

Nous avons sans doute comme tâche de nous parfaire nous-même et, lorsque nous dépassons nos limites, c'est que nous avons trouvé Dieu, et il n'y a que le cœur qui nous fasse dépasser nos limites...

Vivre avec son cœur, c'est ne vouloir être rien d'autre que tout, sans préférence : la joie, la tristesse, l'espérance, le temps, l'espace, l'amour, les Hommes, la vie... Si vous étiez la joie, qu'apporteriez-vous à l'humanité ? Si vous étiez l'espace, que lui apporteriez-vous ? Si vous étiez la tristesse ou l'espérance, que changeriez-vous ? Plutôt que de chercher la joie, l'espérance, l'amour, Dieu, soyez ces choses.

La vie intérieure

Nous ne pouvons développer notre vie intérieure si nous ne nous identifions pas davantage à notre propre vie, car la véritable relation à soi-même provient de l'identification à sa propre vie. Chacun progresse en s'identifiant à sa vie, en se disant « Je suis » plutôt que : « Je suis ma vie. »

Menons-nous une vie qui est toute intérieure et une autre, toute extérieure ? Notre vie réelle est notre vie intérieure, et celui qui observe ce qu'il fait, ce qu'il est, n'a pas de vie intérieure et de vie extérieure ; il a une vie dont ni l'intérieur ni l'extérieur ne se distinguent. Si notre vie extérieure et notre vie intérieure sont dissociées l'une de l'autre, nous ne pouvons alors voir notre vie dans toute sa réalité.

La relation profonde et privée que nous entretenons avec nous-même, voilà ce qu'est notre véritable vie intérieure.

Faut-il que nous nous disciplinions afin de développer notre vie intérieure ? Notre discipline intérieure est constante et invisible ; du matin au soir, à travers les tâches les moins apparentes, nous nous disciplinons intérieurement, nous acquérons la sagesse, la force, le courage, la vérité, la beauté, la liberté… Cependant, notre discipline intérieure est plus difficile à apprécier que n'importe quelle discipline extérieure parce qu'elle est invisible et qu'elle nous échappe.

Nous modifions une façon de penser, nous changeons une de nos habitudes, nous entreprenons une nouvelle vie sociale, nous agissons différemment, et rien de notre changement intérieur n'est réellement visible. La discipline intérieure est invisible, elle procède de l'expérience.

Le silence, la compassion, la générosité, la volonté, la force de caractère ou la joie sont-ils les signes visibles d'une discipline intérieure ? Pouvons-nous obtenir la sagesse, la liberté et l'amour grâce à la discipline intérieure ou extérieure ? Non. Nous les obtenons par expérience ; en effet, la vraie discipline provient de l'expérience et non de l'effort. Le dépassement de soi n'est d'ailleurs pas une question d'effort, c'est une question de non-résistance. Il faut pouvoir abandonner l'espoir de contrôler la vie.

Le dépassement de soi est impossible à atteindre dans la résistance. Ne rejetez aucune de vos expériences car votre propre réalisation passe par chacune d'entre elles. Votre réalisation découle autant de vos défauts et de vos émotions que de vos gestes et de vos pensées. Ne changez rien à tout prix : dès que vous voulez changer un aspect de vous-même, vous y résistez. Demandez-vous plutôt ce qui vous apporte la sagesse, la force, la joie, la compassion, la vérité, le courage, la beauté, la liberté et l'amour. C'est en ne résistant pas à ce que nous vivons que notre expérience devient sagesse.

Cependant, la vie intérieure n'a pas le même sens pour tous ; elle est néanmoins la relation à soi-même. Notre vie intérieure ne nous rend pas supérieur aux autres, elle nous montre notre dignité, notre grandeur.

C'est en ne jugeant pas plus nos défauts que nos qualités que nous dépassons nos limites et que nous devenons libre d'être, sinon nous sommes en conflit intérieur et il nous est impossible d'être, car être, c'est être toute chose, ce qui est impossible si nous la condamnons. Plusieurs résistent à leur réalité en poursuivant des idéaux, en rêvant au lieu de vivre. Pour eux, le rêve est l'idéal et le merveilleux, tandis que la vie est ce qui est coutumier et ordinaire.

Nos rêves cessent d'être des rêves lorsque nous pouvons comprendre qu'ils ne sont que notre réalité projetée au dehors de nous-même. Le rêve est une partie de nous projetée dans le futur et rendue inaccessible au moment présent. Tout rêve, aussi grandiose soit-il, est une partie de notre vie projetée dans le futur. C'est une erreur de penser que ce à quoi nous rêvons est ailleurs. Tout ce à quoi nous rêvons n'est qu'une partie de nous-même projetée et dissociée de nous pour appartenir ailleurs, à quelqu'un d'autre ou à un autre moment.

En d'autres mots, le rêve n'est qu'une partie de nous que nous réclamons sans savoir qu'elle se trouve déjà en nous. C'est pourquoi les affirmations positives s'avèrent souvent très fructueuses : elles associent notre vie à sa projection, le rêve.

Tous nos rêves ne sont rien d'autre que des parties de notre vie, projetées dans un endroit et par la suite perçues comme inaccessibles, peu probables, trop élevées ou trop grandes.

Bien que nos rêves nous semblent si merveilleux et si grands qu'ils ne peuvent se réaliser, ils le sont pourtant déjà dans l'Expérimentateur qui ne fait que se projeter dans le monde extérieur. Si l'Expérimentateur projette ce qu'il est dans un projet à venir, c'est pour mettre la conscience à l'œuvre. Ce n'est qu'une illusion qui nous incite à rechercher les expériences qui nous révéleront l'Expérimentateur. Notre rêve ne fait qu'éveiller notre conscience de l'Expérimentateur.

Tout rêve n'est que notre vie qui se projette sur le temps. Nous croyons que nous voulons réaliser nos rêves et qu'ils ne nous appartiennent pas, qu'ils nous sont inaccessibles, mais, comme le reflet dans l'eau n'est qu'un reflet du réel, notre rêve n'est qu'un reflet de nous.

Pourtant, nos rêves nous réduisent et diminuent à nos yeux notre valeur parce que, dans notre esprit, ils sont plus beaux, plus grands et meilleurs que notre vie actuelle. Nous en faisons des aspirations auxquelles nous nous mesurons, voulant les atteindre comme si elles n'étaient pas en nous, comme si elles n'étaient pas nous-même.

Parmi les dissociations que nous effectuons, celle que nous infligeons au rêve est celle qui nous nuit le plus. En dissociant notre vie de notre rêve, nous introduisons tous les maux dans notre être : la peur, le doute, la haine de soi, le mépris, le découragement, les maladies mentales et physiques. Ce faisant, notre réalité quotidienne devient une aliénation. Souvenez-vous que l'Expérimentateur est ce dont vous rêvez, aucun rêve n'est donc impossible ni trop grand. Si tout est possible pour lui, rien ne sera impossible pour vous.

Cependant, si vous rêvez de rencontrer quelqu'un ou de posséder quelque chose, voyez-vous les aspects heureux du rêve ou ses aspects malheureux ? Le bonheur de rêver ne dépend pas tant de notre capacité de rêver que de notre capacité d'imaginer le bonheur. Puisque vous vous donnez la peine de rêver, imaginez au moins le bonheur dans ce rêve, sinon laissez-le tomber.

Rêver, c'est imaginer notre vie sans obstacles. Il semble que nous ayons peur de faire des rêves sans obstacles. Dans l'esprit de plusieurs d'entre nous, si les rêves ne présentent pas d'obstacles, c'est donc qu'ils sont impossibles ! Si nous prenons la peine de rêver, imaginons au moins notre rêve possible et sans obstacles, sinon ne rêvons pas. Lorsque nous rêverons en imaginant que notre rêve est possible et en ne voyant que tout ce qui le rend heureux, nous comprendrons alors qu'il faut s'aimer pour rêver.

Soyez intelligent : les obstacles que vous mettez même dans vos rêves ne sont pas dans le rêve mais bien en vous-même. Rêvez sans peur si vous voulez rêver, sinon ne rêvez pas. Si vous ne pouvez vous imaginer les choses parfaites, ne rêvez pas. Si vous ne pouvez vous les imaginer sans obstacles, ne rêvez pas, sinon vous introduirez ces obstacles dans votre propre vie.

Nous avons tendance à soumettre nos rêves au temps, mais le temps les retarde souvent. Si le temps remet nos rêves à plus tard, c'est parce que nous ne croyons pas à nos rêves, pas plus qu'à notre vie. Et, si nous nous efforçons de faire toutes sortes de choses au lieu de réaliser nos rêves, nous nous efforçons de vivre, et ce, sans nos rêves. Rien n'est trop beau pour être vrai.

Bien souvent, lorsque nous souhaitons avoir quelque chose, nous ne faisons que nous contraindre à l'obtenir, faisant du temps un obstacle. Lorsque nous nous acharnons à vouloir qu'un événement se produise, nous en *empêchons* la réalisation, car seul le détachement permet que tout ce que nous désirons s'accomplisse. Pour qu'un événement se produise, il faut l'avoir dépassé. Il faut pour cela abandonner le désir de résultats précis. Cette liberté que nous donnons aux autres et aux événements, voilà ce qu'est le détachement. Le principal obstacle à la réalisation de nos rêves est notre attachement à notre vie telle qu'elle est.

Le détachement est la liberté que nous accordons aux situations et qui en retour nous rend nous-même libre devant elles. Cessez de vouloir que les événements se présentent comme vous le souhaitez, cessez de commander et laissez plutôt toutes les situations libres. Dites-vous « Tant mieux si tel événement que je souhaite m'arrive », plutôt que « Quel malheur si cela ne m'arrive pas ! », et vous serez en mesure de connaître le véritable détachement.

Tout ce que nous souhaitons, de même que tout ce que nous ne souhaitons pas, peut se réaliser un jour. L'intensité de notre émotion en déclenche la réalisation, il faut donc prendre garde car, sur ce terrain, la peur et l'amour sont de force égale. N'attirez que ce que vous aimez. Pour cela, il faut que vous cessiez de craindre ce que vous aimez, il faut que vous croyiez que tout ce que vous aimez, vous l'aimez parce que cela fait profondément partie de vous, cela est donc naturellement vous.

Cependant, nos pensées seules ne peuvent pas produire les miracles que nous souhaitons dans notre vie. Leur qualité et leur intensité nous conduisent vers ce que nous espérons, mais le plus souvent, ce dont nous rêvons n'est que le moyen de réaliser quelque chose d'encore plus grand que notre rêve.

Vous rêvez d'être riche, mais pour acquérir quoi de plus grand ? Le bonheur ? La paix ? La sérénité ? La confiance ? L'amour ? Le détachement ? Vous rêvez de l'être extraordinaire qui saurait vous aimer, mais que voulez-vous réaliser à travers cet amour ? L'ultime bonheur ? La joie ? L'amour humain ? L'abandon ? La plénitude ?

Ce à quoi nous rêvons n'est le plus souvent que le moyen de réaliser un rêve encore plus grand : notre plénitude. À l'avenir, prenons soin de voir dans notre rêve un moyen d'obtenir quelque chose d'encore plus grand et concentrons-nous tout aussi fortement sur cela, l'amour ultime, la paix, la sérénité, le sentiment de réussite, la joie... afin d'accepter tous les moyens qui nous y conduisent. Le but de tous nos rêves est notre plénitude.

C'est cependant notre vie qui est la meilleure preuve que ce que nous voulons est possible. Pensons à tout ce que notre vie rend possible maintenant... Notre vie ne passe pas d'un état de faiblesse à un état de moins grande faiblesse, elle passe d'un état de plénitude à un autre : nous passons de la plénitude d'une expérience à celle d'une autre. Notre vie rend de plus en plus de nos rêves possibles et donc réels. C'est notre vie qui rend nos rêves possibles, plus que nos rêves eux-mêmes.

À défaut de vivre leurs rêves, plusieurs veulent connaître leur avenir. Nombreux sont ceux qui s'en remettent aux diseurs de bonne aventure et, malgré d'heureuses prédictions, ils continuent de douter que leurs rêves soient réalisables. Si nous n'avons pas le courage de réaliser nos rêves, nous n'avons pas plus le courage de réaliser notre vie.

Nous ne devrions pas perdre de vue que notre avenir et notre passé sont le moment présent... Tout ce que nous voulons, nous l'avons déjà si nous ne nous en séparons pas en nous, c'est-à-dire si nous ne cessons pas de l'aimer, car si nous cessons de l'aimer maintenant, nous nous en séparons dès aujourd'hui. Souvenez-vous que, si vous cessez d'aimer ce que vous désirez obtenir, vous cessez *en même temps* de le vouloir.

La meilleure garantie du futur est ce que vous voulez maintenant, dans la mesure où vous ne vous en séparez pas, dans la mesure où vous continuez de l'aimer en dépit de tous les signes négatifs. Continuez d'aimer ce que vous voulez, même si tout joue en votre défaveur, même si vous ne pensez pas que ce soit possible, car, pour obtenir ce que vous voulez, vous devez commencer par l'aimer.

Hélas, nous sommes nombreux à cesser d'aimer ce que nous voulons obtenir parce que cela tarde à venir ; nous sommes donc nombreux à ne rien vouloir ! Nous sommes frustré et nous nous apitoyons sur notre sort, car, même si nous rêvons, au fond, nous ne voulons rien. Nous faisons du temps une séparation et non quelque chose qui nous joint à notre accomplissement.

Nous avons peu de courage pour ce que nous voulons, même si la plupart d'entre nous ont une détermination et une force de caractère qui pourraient changer la face du monde ! Si ce que nous espérons ne se produit pas tout de suite, nous nous décourageons bien facilement, nous n'avons pas le courage d'attendre ce que nous voulons. Pourtant, nous acceptons d'attendre ce que nous ne voulons plus dans notre vie. Nous n'avons pas la force d'attendre ce qui fait notre vie authentique, unique. Il est fondamental de vouloir quelque chose, car désirer rend puissant devant la vie.

Si nous préférons certaines activités à d'autres, cela est davantage attribuable à la nature de nos rêves qu'à notre personnalité ou à notre style de vie. En d'autres mots, si nous ne sommes pas présent à nos activités, c'est bien plus à cause de nos rêves qu'à cause de la nature de l'activité elle-même. Nous aimons une activité parce qu'elle correspond à l'un de nos rêves qui s'actualise, nous n'aimons pas une autre activité parce qu'elle ne traduit aucun rêve, et donc elle ne traduit pas notre vie.

Il est difficile et décourageant de vivre perpétuellement tiraillé entre ce que nous aimons faire et ce que nous n'aimons pas faire, d'autant plus que notre vie se joue dans tout ce que nous faisons. Nos préférences accentuent nos contraintes. Il n'y a de contradiction entre « aimer » et « être » que si nous ne préférons pas tout, car, pour « être », il faut tout vivre sans préférence : la joie, la tristesse, l'espérance, le temps, l'espace, l'amour, la vie... Il faut faire un avec sa vie.

C'est quand nous vivons pleinement que nous cessons de nous demander si nous aimons telle activité ou si nous ne l'aimons pas. Quand nous vivons pleinement, nous devenons entièrement présent à nous-même, peu importe la tâche que nous effectuons. En ayant le bonheur de vivre, nous éliminons la possibilité de rester malheureux, nous ne renonçons plus au bonheur.

Nous renonçons au bonheur lorsqu'il n'est pas la principale source de joie de toutes nos activités ; ce bonheur n'est d'ailleurs pas dans l'activité, il est en nous-même.

Certains ne veulent que l'amour, d'autres, que la joie ou la liberté. En ne voulant qu'une chose, même si nous la voulons de toutes nos forces, nous repoussons le reste : une partie de notre bonheur s'en trouve sacrifiée, et qui peut renoncer à ne pas être pleinement heureux ?

Afin de ne pas vous diviser vous-même en désirs et en interdits, il est important que vous acceptiez tout : l'amour, la sagesse, la liberté, la joie, le bonheur, la force, l'omniscience... Si vous n'acceptez qu'une chose, la liberté, par exemple, vous établissez en vous-même qu'il est préférable d'être libre plutôt que joyeux ou aimant. Si vous n'acceptez que l'amour, c'est que vous avez conclu également que l'amour est préférable à la liberté ou au bonheur. Vous vous mettez alors dans la position de devoir choisir un bonheur par rapport à un autre, et vous limitez ainsi votre bonheur.

Vous ne pourrez donc pas être entièrement présent à vous-même tant que vous vous limiterez à ne vouloir qu'un bonheur au détriment des autres, tant que vous voudrez l'amour plutôt que la liberté, la joie plutôt que l'amour, le bonheur plutôt que la liberté. Ne méritez-vous pas et l'amour, et la liberté, et la joie ? Pourquoi refuseriez-vous un grand bonheur ?

Si nous n'avons pas le bonheur, c'est parce que nous nous en jugeons indigne, nous nous sentons indigne d'être heureux. L'idée de choisir un bonheur parmi tant d'autres provient de notre sentiment profond d'être indigne de vivre pleinement. Quand nous jugeons nos expériences en termes de « j'aime, je n'aime pas », nous affirmons que nous n'avons pas choisi d'être complètement heureux, peu importe où et quand.

Que reste-t-il à un Homme si on lui enlève ses rêves ? Imaginez qu'on enlève à tous les enfants de la Terre la partie de leur cerveau qui leur permet de rêver... Nous créerions des robots, car l'Homme qui n'a plus de rêves est devenu un robot. Si nous ne cessons pas de croire à nos rêves, nous choisissons le meilleur pour nous-même, et si nous faisons cela, nous aurons acquis le courage de les vivre. Par ailleurs, si nous renonçons à nos rêves, nous nous diminuons et l'avenir nous diminuera à nos yeux. Ainsi, celui qui choisit le meilleur choisit sa vie. Sa vie devient son rêve.

La réalité

Lorsqu'il n'y a plus aucune différence entre notre vie et le moment présent, nous sommes uni à l'Expérimentateur davantage qu'à l'expérience. Nous sommes la réalité. Le moment présent est l'unité avec l'Expérimentateur. Lorsque nous sommes parvenu à ce stade de notre vie, notre principale expérience n'est pas tant l'activité que nous faisons que celle de notre identité, qui est d'être un avec le moment présent, avec notre liberté et avec la vie.

Lorsqu'il en est ainsi, nos activités deviennent secondaires, « être » devient notre principale expérience. Cela ne signifie toutefois pas que nos rêves soient vains ou que notre ambition soit sans intérêt ; cela signifie principalement qu'il n'y a aucune différence entre notre vie et la vie. La distance, l'évaluation, le jugement disparaissent : il n'y a plus que notre vie dans le moment présent, intemporelle et précieuse.

N'étant pas habitué à cette sorte d'expérience, il est normal que nous nous demandions ce que nous devons faire maintenant que notre liberté est entièrement notre vie ! Sachez qu'à présent vous vivez une tout autre forme d'existence, fondée sur le seul fait d'« être », et que désormais votre réalité de chaque moment est votre seule Identité : « Je suis. » Quand vous arrivez à « être », vous vivez *tout* au présent, le passé et l'avenir, vous considérez le présent comme étant toute votre vie.

Nous nous accrochons à notre vie quotidienne, à nos activités, à nos rituels, à nos devoirs, et nous perdons de vue que notre vie n'est toujours que pleinement dans le présent, nous oublions qu'elle est infiniment plus que notre « vie de tous les jours », et seul vivre au présent peut nous révéler cela.

Jour après jour, notre vie se voit imposer des limites, mais elle n'a plus de limites dès qu'elle est entièrement le moment présent. Si nous éprouvons une telle ambivalence face à la vie quotidienne, c'est qu'elle nous est une limite parce qu'elle est ordinaire et contraignante. Ne sachant pas vivre sans limites, nous nous en créons, nous vivons en fonction de réalités fictives, de concepts de soi. Or, un concept de soi est une identité limitée tandis qu'être implique une identité infinie.

Souvenez-vous que la conscience n'est jamais définitive et qu'elle ne peut se réduire à une partie d'elle-même, à un sentiment, à une idée, à une valeur, sans les transformer en illusions. Peu importent vos sentiments et vos pensées, ils ne correspondent qu'à une partie de votre réalité et de votre conscience. C'est dans ce sens que toute expérience n'est qu'une illusion car la totalité de la conscience ne peut être saisie. La totalité de notre bonheur non plus. Nous ne pouvons que vivre pleinement, et cela ne se fait que dans le présent.

Nos expériences n'ont d'autre but que de nous permettre de faire pleinement l'expérience de notre liberté, de nos pensées et de nos émotions afin de nous en détacher. Si nous ne nous en détachons pas, elles seront autant d'illusions car notre réalité n'est ni fixe ni immuable. Si tout n'est pas illusion, comment expliquez-vous alors qu'un changement de perception entraîne un changement de réalité ?

Lorsque nous croyons à quelque chose, nos pensées et nos émotions se nourrissent de cette croyance et celle-ci devient forte et puissante. Nos pensées et nos émotions nous poussent à agir, alors qu'elles ne sont que des illusions si on les compare à notre réalité totale. Par conséquent, « être » est la seule façon de maîtriser le monde des illusions, « être » en est l'antidote. Lorsque nous nous identifions constamment, rien ne peut être une illusion, tout devient une réalité temporaire. Tout devient « être ».

Si vous croyez que certains êtres vous sont inférieurs, vous en créerez l'illusion et vous en vivrez l'expérience. Par contre, si vous faites un avec eux, il n'y aura plus d'illusion. Seul l'amour n'est pas une illusion car l'amour est être, l'antidote contre notre ignorance.

Notre amour pour telle femme ou pour tel homme peut ne pas être une illusion à la condition que nous fassions un avec cet être comme avec notre amour, notre désir et notre intention : « Je suis cet être ; je suis cet amour pour cet être ; je suis le désir de l'aimer ; je suis l'intention de l'aimer. » Ainsi, nous sommes pleinement ce que nous faisons et ce que nous vivons ; il ne peut y avoir illusion, mais expérience.

Imaginez un instant que le monde extérieur n'existe plus, qu'il ne reste que vous dans un endroit dénudé qui ressemblerait vaguement à l'espace. Quelle serait la réalité ? L'espace ou vous-même ? Nombreux sont ceux qui feraient de l'espace leur réalité et qui vivraient en fonction de cette réalité. Certains réagiraient autrement en estimant que tout ce qu'il y a de réel dans ce décor, c'est eux-mêmes. Pouvez-vous voir tout ce qui vous entoure comme étant moins réel que vous ne l'êtes ?

La misère, la pauvreté, les crimes, le chômage, la violence, le désespoir, la maladie sont réels mais moins que nous le sommes. Si vous êtes moins réel que ces problèmes, ils vous submergeront.

Si nous sommes moins réel que nos difficultés, nous ne pouvons composer avec elles et les maîtriser, car, si notre misère est la réalité et que nous ne le sommes pas, elle nous écrase et nous sommes aux prises avec le désespoir et la dépression. Nous devons donc être plus réel que tout le reste si nous voulons être en mesure de maîtriser notre vie, sinon ce que nous vivons nous déréalise : il n'y a que l'illusion pour nous déréaliser.

La liberté intérieure

Nous cherchons la liberté, jour et nuit ; nous la cherchons en ceci, en cela, en telle personne, en telle situation... Nous nous conduisons en prisonnier, rêvant de nous échapper de nous-même et de fuir ce monde. Ne cherchons plus la liberté, ne cherchons plus à nous libérer car nous sommes libre. Nous sommes parfaitement libre, peu importe où nous sommes, même dans les pires conditions, quand nous avons une vie intérieure.

Nous pensons tous librement ; nous aimons, parlons, agissons, écoutons, créons, travaillons, regardons et touchons librement. Personne ne nous y oblige. La manière la plus courante de blâmer les autres de notre passivité est de proclamer que nous ne sommes pas libre. Quiconque affirme qu'il n'est pas libre est passif. Plusieurs ne veulent pas porter seuls le poids de leur vie et le fardeau de leurs choix : ils les imposent donc aux autres. Pourquoi vous plaignez-vous, sinon pour attirer la compassion des autres sur vos choix afin de ne pas les assumer seul ?

Beaucoup ont associé oubli de soi, douleur et renoncement à leur évolution, mais il suffirait d'être nous-même pour évoluer. Notre progrès n'est possible que si nous reconnaissons qui nous sommes : l'Expérimentateur de pensées, de sentiments, d'actions, de désirs, d'espoirs, de besoins et de rêves.

La liberté est un choix solitaire et pourtant, dès que nous faisons ce choix, nous cherchons des certitudes. La seule certitude que nous donne la liberté, c'est celle de notre propre liberté. Il en va de même pour toutes nos expériences ; la seule certitude que nous donne l'amour est celle de notre propre amour. Les autres ne peuvent nous apporter cette certitude.

Chacun est fait pour vivre selon ses besoins et ses aspirations propres, et pour partager ce qu'il est.

Combien d'êtres veulent vivre de l'individualité de quelqu'un d'autre, de ses besoins et de ses désirs ? Lorsque nous agissons ainsi, nous devenons tyrannique car, ce faisant, nous essayons de dissuader l'autre de poursuivre ses propres désirs et nous le privons de ses besoins. Nous n'avons pas le droit de nous saisir de l'individualité d'un autre : des faibles se greffent à des forts, des forts traînent des faibles, des êtres passifs se laissent porter par des êtres actifs, des êtres lâches se cachent derrière des êtres courageux... Ces êtres nous prennent notre individualité, notre force, notre courage, et ils exigent toujours davantage ; cela retarde notre individualisation et la leur. Nous avons appris que, pour aimer, nous devons protéger plus faible que nous, être prévenant et bienveillant... Le plus souvent, nous accordons notre amour à des profiteurs, à des êtres arrogants et orgueilleux qui croient qu'on doit les aimer inconditionnellement.

Individualisez-vous et ne vous poussez pas à l'amour inconditionnel. Lorsque vous aimez inconditionnellement, c'est que vous faites un avec les autres ; vous vous identifiez sans pour autant vous donner sans réserve. Vous pouvez aimer inconditionnellement sans laisser les autres profiter de vous. Pouvez-vous vous individualiser autrement qu'en vous aventurant seul dans votre vie intérieure ? Nous nous individualisons parce que nous sommes libre de le faire. Avez-vous constaté que personne n'est contraint de s'individualiser ? On ne peut forcer personne à être lui-même ; cela ferait d'ailleurs peur à plusieurs. Dans le couple, chacun veut et ne veut pas que l'autre s'individualise, car l'amour que chacun a pour l'autre exige souvent qu'il limite son individualisation afin de ne rien changer à l'amour qu'il éprouve. Ce n'est pourtant que lorsque les deux s'individualisent que l'amour véritable est possible.

Si nous ne sommes pas libre, c'est plus souvent à cause de notre concept de nous-même, souvent forgé au profit d'un idéal de soi mais pour les autres. Chacun entreprend d'ailleurs la quête de sa liberté selon sa propre conception de la liberté : « Être libre, c'est ne pas avoir de défauts, ne pas avoir de contrariétés, ne pas être dominé, ne pas souffrir, n'avoir besoin de personne, c'est être invulnérable, riche, conscient... » Chacun trouve la liberté qu'il cherche et nombreux sont ceux qui poursuivent des idéaux plutôt que la liberté. Certains pensent, par exemple, que le bonheur viendrait et qu'on les aimerait davantage s'ils étaient différents. Ils se rendent malheureux de la pire manière : ils s'apitoient sur eux-mêmes et ils refusent ce qu'ils sont. Pour eux, le bonheur serait d'être un autre.

Nos idéaux, nos croyances et nos valeurs nous enlèvent notre liberté, bien que la plupart croient qu'ils la leur donnent ! Notre liberté nous rend disponible et réceptif tandis que nos idéaux, nos croyances et nos valeurs nous ferment à autre chose ; rarement ils nous rendent réceptif à autre chose qu'à eux-mêmes.

La disponibilité et la réceptivité sont deux grandes expressions de liberté et de sagesse. Il est probable que tous ces propos vous rendent confus ; vous n'avez qu'à vous ouvrir à votre confusion plutôt que de lutter contre elle, et elle vous rendra réceptif à autre chose. Peut-être savez-vous déjà à quoi votre confusion vous rend plus disponible ?... Comme toutes vos expériences, votre confusion est remplie de sagesse puisqu'elle vous ouvre à autre chose. Ce qui vous rend réceptif et ouvert est rempli de sagesse.

Si vous voyez une victoire dans la liberté, vous serez déçu. La liberté n'est pas un triomphe car toute victoire se gagne par la lutte, alors que la liberté se gagne sans lutte, par une simple ouverture d'esprit. Lorsque vous devenez réceptif à une situation, c'est que vous êtes libre face à elle.

Nous considérons souvent la liberté comme étant la licence, le droit ultime de disposer de notre vie comme nous l'entendons, mais cette perception de la liberté fait des autres des obstacles. La liberté est intérieure. Si nous ne disposons pas de cette liberté intérieure de penser et d'agir, quelle liberté extérieure pourrons-nous posséder ? Sommes-nous libre si nous possédons tout sauf la liberté intérieure ? Sommes-nous libre si nous ne sommes pas conscient de l'être ? Sommes-nous libre si nous n'aimons pas l'être ? Sommes-nous libre si, pour l'être, nous nous rendons malheureux ? Certains n'aiment pas afin de rester libres ; d'autres ne rêvent pas, d'autres ne veulent rien, d'autres n'ont besoin de personne afin de rester libres. Comment restez-vous libre ? Est-ce en refusant la vie ou en la vivant pleinement ? Vous gagnez votre liberté intérieure en aimant et vous ne pouvez aimer que si vous avez la liberté intérieure de le faire. Ce qui vous rend libre d'aimer, de penser et d'agir, c'est ce que vous êtes. Rien ne vous rend plus libre que ce que vous êtes. En accomplissant ce que vous êtes, vous vous réalisez pleinement. L'être humain est aussi libre qu'il s'aime lui-même.

Celui qui se donne comme excuse la peur de déplaire ou la peur du rejet condamne sa liberté ; il n'en veut pas. Un grand nombre d'humains ne tiennent pas à leur liberté car elle nuit aux autres, à leur mère, à leur père, à leur conjoint, à leurs amis, à leur patrie... Ils la nient en se niant eux-mêmes. Si vous déplorez ce que vous êtes, c'est que vous ne voulez pas de votre liberté.

Lorsque nous étions petits, on nous a maintes fois répété : « Ne fais pas cela. Si tu le fais, il t'arrivera un malheur ! » À présent, nous croyons que tout ce que nous ne contrôlons pas est dangereux ; nous pensons qu'il nous arrivera un malheur si nous voulons quelque chose ! Nous nous faisons des mises en garde et nous nous condamnons à l'avance. Notre conscience « éveillée » est davantage un état de vigilance ou d'alerte qu'un état de véritable conscience ; nous vivons aux aguets, surveillant d'où pourrait provenir le malheur.

Nous ne pourrons vivre le bonheur, l'amour et l'épanouissement personnel en créant l'état de danger en nous-même et autour de nous. Au contraire, ce que nous vivrons, ce sera un bonheur, un amour et une évolution constamment menacés, et perpétuellement à défendre. Or, nous ne pouvons vivre notre bonheur et le défendre en même temps, ce ne serait que survivre et survivre exige que nous conservions l'esprit de « territoire » : nous sommes alors personnellement attaqué lorsque l'est une croyance.

Lorsque nous prétendons à un territoire psychique, sachons que ce que nous défendons est infime par rapport à ce que nous sommes vraiment. Que nous défendions une idée, un sentiment, un souvenir, un espoir ou une croyance, c'est peu de chose comparé à ce que nous sommes : l'Expérimentateur d'une identité infinie.

Celui qui est intérieurement libre possède un territoire infini, et aucune intrusion ne peut affecter sa liberté car elle n'a pas de limites. Lorsque vous êtes bien dans votre vie, vous vivez dans un endroit que personne ne peut violer. La force intérieure n'est pas une force de combat, c'est une force de vie. Tout ce que vous avez traversé, obstacles et souffrances, vous l'avez traversé avec votre propre force, votre propre courage et votre propre intelligence. Vous oubliez que votre force est toujours venue de vous-même. Votre liberté est votre force intérieure, inépuisable et immortelle.

Vous demandez-vous encore ce qu'est la liberté intérieure ? Est-il possible de vivre et d'aimer sans liberté intérieure ? Nous avons nos moyens de préserver notre intégrité, et quiconque porte atteinte à notre intégrité porte atteinte à notre liberté intérieure. Toutefois, nous sommes souvent le premier à porter atteinte à notre propre intégrité en vivant la vie d'un autre plutôt que la nôtre. Tant que nous n'oserons pas être nous-même, nous serons le premier à porter atteinte à notre intégrité. Lorsque nous sommes nous-même, personne ne peut vraiment nous nuire.

Dans le but de protéger leur intégrité, plusieurs haïssent les autres et ce qu'ils font ; si votre haine protège votre liberté intérieure des autres, rappelez-vous qu'aimer témoigne de votre liberté et que votre haine finit par vous enlever votre intégrité. Si vous ne faites pas ce que vous aimez, vous ne pourrez aimer votre vie ; elle sera pour vous une énorme contrariété. Vous aimerez peut-être vos enfants, votre partenaire et votre travail, mais vous ne les aimerez que parce que vous devez les aimer. Vous agirez par principe car, lorsque vous ne faites pas ce qui vous plaît dans la vie, c'est que vous servez des principes.

Le principe de l'amour nous incite à nous dévouer, à nous oublier et à nous soumettre, tandis que le principe de liberté nous porte à vouloir nous libérer de ce nous faisons sans véritable amour. Nous vivons donc un perpétuel conflit entre nos principes et nous-même. Nous exerçons pleinement notre liberté lorsque nous faisons ce que nous aimons.

Par conséquent, notre liberté repose sur ce que nous aimons et non sur ce que nous nous condamnons à aimer. Nous avons troqué notre liberté contre notre subsistance et, maintenant, nous pensons qu'être libre c'est ne manquer de rien. Cela n'est pas de la liberté, c'est du confort et, souvent, le reflet d'une passivité extraordinaire. Celui qui est heureux de sa liberté n'a pas assez de vingt-quatre heures par jour pour vivre le bonheur de se réaliser : c'est celui-là qui nous inspire.

Les études en rebutent plusieurs, souvent parce qu'ils se croient bêtes et sans importance. Ne vous laissez pas impressionner par les universités, entrez-y humblement. Apprenez à penser. Exigez qu'on vous *apprenne* à penser. L'Éducation ne devrait d'ailleurs avoir d'autre but que celui-là. Nous apprenons à penser en nous posant les questions plutôt qu'en les posant au maître.

Penser, c'est être libre, c'est chercher et trouver aujourd'hui même. Si vous cherchez aujourd'hui, vous trouverez aujourd'hui. Si vous cherchez demain, vous trouverez demain. Voilà la liberté que procurent la réflexion et l'action sans résistance. Alors, développez votre propre pensée.

Pour rester libre, il faut que nous veillions à ce qu'aucun concept ne devienne le fondement de notre vie, même pas le concept de la liberté, car, lorsque nous nous attachons à des concepts, nous résistons à notre liberté. La liberté intérieure est sans bornes.

Bien que notre force intérieure soit grande, une seule de nos pensées peut nous empêcher de vivre librement, car toute pensée, même la plus libératrice, est une inhibition. Ce n'est pas la nature de la pensée qui nous libère, ni sa grandeur ; une pensée nous libère dans la mesure où nous pouvons l'abandonner. Si nous y restons attaché, elle sera une limite, une inhibition.

La pensée personnelle ou l'acte de penser implique la nouveauté, le renouvellement, l'ouverture. C'est un signe de liberté que de se sentir au commencement de tout. Quelle ouverture est plus grande que celle de n'être qu'au début de tout, au commencement de la vie, de notre vie, de l'amour, de la sagesse, de l'intelligence, de la force, du courage et de la beauté ? Maîtriser notre vie, ce n'est pas maîtriser les choses, c'est être toujours libre d'en faire l'expérience.

Même s'il s'agit de l'idée de la liberté et même si nous sommes de plus en plus ouvert sur le sujet, celle-ci reste encore une inhibition. À force de vouloir saisir ce qu'est la liberté et de vouloir défaire nos chaînes, notre désir de liberté devient notre principale préoccupation, souvent la seule. À ce moment-là, notre pensée est polarisée et, même s'il s'agit de la liberté, cette pensée devient inhibitrice. Nous voudrions comprendre la liberté, nous voudrions en faire une étude approfondie, mais nous sommes déjà libre. Au lieu de vouloir absolument comprendre la liberté, il serait préférable de la vivre.

Plutôt que de juger, observez. Pour penser, il faut observer. Qu'est-ce que la conscience sinon le résultat de l'observation sans jugement ? Nous sommes plus prompt à juger qu'à observer parce que nous avons perdu la joie de vivre, la joie d'être humain. Celui qui ne sait pas observer ne peut pénétrer la vie, il ne peut retrouver la joie de penser, de ressentir, de communiquer, de créer, de se maîtriser et d'être conscient ; sa vie est broyée par des inquiétudes et des idées absurdes.

La seule pensée qui puisse nous rendre libre est la nôtre ; aucune autre ne peut nous affranchir. Notre liberté intérieure exige de nous une grande sensibilité et une grande vigilance afin de reconnaître ces pensées et ces sentiments qui ne sont peut-être pas les nôtres. Nos sentiments et nos pensées nous ont souvent été imposés et, maintenant, il nous est difficile de faire la distinction entre ce qui est nôtre et ce qui ne l'est pas. Tout ce qui nous est imposé est une aliénation et le restera. Même les règlements et les lois sont des aliénations et, si nous les observons, c'est plus souvent pour éviter le châtiment que parce que nous les endossons personnellement.

Nous perdons notre liberté intérieure chaque fois que nous nous laissons imposer une idée, une attente, une croyance, un modèle, un sentiment... Vous saurez qu'on vous l'impose si vous vous sentez mal.

Un des actes de liberté les plus importants est de décider. Pourtant, combien remettent à plus tard les décisions qu'ils devraient prendre dès maintenant ? Si vous voulez vivre librement, il est essentiel que vous tranchiez maintenant, que vous fassiez des choix tout de suite, que vous cessiez d'hésiter et de laisser traîner les choses. En remettant à plus tard ce que vous déciderez de toute manière un jour, vous perdez votre liberté et remettez votre vie à plus tard.

Plusieurs ne choisissent pas maintenant ; ils attendent des circonstances plus favorables, ils languissent pour ne pas se tromper, ils guettent le moment opportun. Que leur arrive-t-il ? Ils vivent paralysés et confus. Si vous êtes confus, vous n'êtes pas libre. Lorsque vous ne choisissez pas maintenant, vous vous mettez à la merci des événements et de vos émotions, vous perdez votre liberté intérieure et vous vivez dans le doute.

Choisissez dans la vie, choisissez maintenant. Quelles décisions s'imposent dans votre vie dès maintenant ? Ne vous décidez pas dans quelques mois ou quelques années, mais dès maintenant, sinon oubliez votre liberté intérieure ! Les grands Maîtres sont libres parce qu'ils choisissent maintenant, ils décident maintenant et sans regrets. C'est en choisissant maintenant que vous recouvrerez votre liberté.

Nous remettons nos décisions et nos choix à plus tard parce que au fond nous voulons des résultats immédiats ; nous tenons à avoir la certitude que notre choix est le meilleur. Mais comment pourrions-nous nous tromper puisqu'il n'y a aucune différence entre notre vie et le moment présent ? Comment pourrions-nous nous tromper puisque le meilleur choix que nous puissions faire consiste toujours à faire du moment présent le meilleur moment pour nous : le meilleur moment pour aimer, pour penser, pour choisir notre vie… ?

Lorsque aucune idée, aucun désir, aucun sentiment ne suscite pour nous de conflit intérieur ou extérieur, nous sommes libre. Certains concluront que vivre sans contrainte est impossible. Mais si nous devons toujours être bon, nous ne sommes pas libre de l'être ; si nous devons toujours être méchant, nous ne sommes pas libre d'être bon non plus. Tout ce que nous nous imposons nous-même nous enlève notre liberté intérieure.

Plusieurs craignent ce qu'ils désirent fortement, et la peur les empêche d'être heureux. Nous avons peur de réaliser notre vie parce que nous savons que nous allons y perdre quelque chose et nous ne voulons rien perdre. Cependant, dès que nous avons peur de perdre quelque chose, nous ne sommes plus libre. Si nous avons peur de perdre notre sécurité, notre honneur ou notre place en aimant telle personne ou en créant telle situation, nous ne sommes pas libre dans la situation actuelle.

Ainsi, le bonheur est l'expérience de la liberté tandis que l'inquiétude ne l'est pas. Le plaisir, la satisfaction, le contentement, le bonheur et la joie sont l'expérience de la liberté. La souffrance, l'inquiétude, l'angoisse et la peur ne le sont pas ; elles sont le refus de notre liberté qui peut entraîner des pertes, notamment celle de notre sécurité. Or, la sécurité qui nous empêche de souffrir n'est pas une véritable sécurité, elle n'est qu'absence de courage ; la sécurité provient bien souvent d'un choix qui ne change rien à notre concept de nous-même et à notre vie... Ne sachant pas que nous ne sommes pas heureux, nous n'y réagissons pas ; nous continuons de vivre dans la situation sans la changer. Que notre souffrance soit grande ou pas, si nous souffrons, c'est que nous ne faisons pas l'expérience de notre liberté. Par conséquent, notre souffrance est un bon indicateur de notre degré de liberté : plus nous souffrons psychologiquement, moins nous sommes libre.

À nous observer, nous pourrions croire que nous n'aimons pas notre liberté. Qu'est-ce qu'aimer la liberté ? Aimer la liberté, c'est choisir le bonheur de se connaître soi-même, c'est placer la connaissance de soi au-dessus de toutes les connaissances. Lorsque nous plaçons notre liberté intérieure au-dessus du savoir, nous faisons confiance à notre liberté, à notre vie.

Notre vérité

Personne ne nous révélera notre vérité. D'ailleurs, comment notre vérité pourrait-elle venir de l'extérieur de nous-même ? Tout ce qui est extérieur ne devient intérieur qu'à la suite de l'identification, qu'après avoir fait un avec.

Nous sommes notre seul Maître, même si nous en suivons d'autres. Plutôt que de nous honorer nous-même, nous glorifions les Maîtres, les grands Hommes, les héros en les considérant comme supérieurs à nous ; cela nous rend la vie difficile. Dès que nous avons compris que nous sommes véritablement notre seul Maître, nos doutes disparaissent parce que le Maître apprend la vie en la vivant, les autres l'apprennent dans les livres, intellectuellement. Le Maître se connaît lui-même.

Nous préférons trop avoir raison pour ne nous préoccuper que de nous connaître nous-même. Nous vivons donc sous pression, incapable de voir que la vérité ne consiste pas à avoir raison. La vérité consiste à ne rien retenir, à ne nous attacher à aucune idée, même pas à la plus divine, et à ne débattre aucune opinion, même pas la plus noble. Dès que nous défendons une idée, nous voulons avoir raison et nous commençons déjà à avoir tort. Le fait de s'exprimer et de vouloir alors avoir raison sont deux réalités bien différentes. Il faut que nous nous exprimions mais sans chercher à avoir raison.

Avant de parler, demandez-vous si vous pouvez être contrarié sans problème au sujet de ce que vous voulez aborder. Si oui, vous pouvez vous exprimer sur ce sujet. Sinon, si cela vous vexerait que les autres n'abondent pas dans votre sens, il est préférable que vous ne vous exprimiez pas ; vous ne chercheriez qu'à avoir raison. Ne vivez pas inutilement sous pression. N'abordez que les sujets sur lesquels vous ne pouvez pas être le moindrement contrarié, car alors vous en êtes libre.

Les êtres qui sont véritablement grands expriment leurs opinions sans les défendre. Ils n'ont pas à les défendre. Ils savent que la vérité est quelque chose qu'il faut être prêt à abandonner à tout moment. La vérité est une ouverture, une ouverture absolue ; elle n'est pas une connaissance, ni même toutes les connaissances, elle est le détachement.

Ne chérissez aucune idée, aucune croyance, aucune tradition, aucune mémoire, aucune réalisation, et vous serez dans la vérité. Vivez plutôt que de défendre quoi que ce soit. Celui qui vit pleinement est détaché.

La vérité est pur détachement. Dès que vous vous attachez à un sentiment, à une inquiétude, à une peur ou à un état d'esprit, vous vivez sous pression, vous cessez de vivre ! Afin de comprendre à quel point nous sommes attaché à nos humeurs et à nos attitudes, il nous suffit d'examiner à quel point nous sommes susceptible à la critique. Bien souvent, nous communiquons non dans le but réel de partager avec les autres, mais plutôt dans le but de leur démontrer que nous avons raison. La moindre critique, la moindre opposition nous offense. Lorsque nous ne serons plus sensible à la critique et à la résistance des autres, nous saurons que nous vivons sans vouloir avoir raison.

Il ne faut pas se taire, ni refouler. Cependant, dès que nous vivons un sentiment, une émotion, nous cherchons à les justifier, nous voulons avoir raison d'être dans cet état. Nous voulons convaincre les autres que nous avons de bonnes raisons de vivre cet état. Pourtant, c'est nous-même qui devrions en être convaincu d'abord ; cela rendrait superflu le besoin d'en convaincre d'autres.

C'est bien souvent notre grand désir de devenir meilleur qui nous empêche d'accueillir calmement la critique et l'opinion des autres. C'est aussi notre désir d'être meilleur qui nous amène à juger les autres et à les condamner. Nous ne jugeons pas les autres par rapport à une norme sociale partagée, mais par rapport à nous-même et, dans notre esprit, nous sommes rarement pire qu'eux...

Il nous est difficile de comprendre qu'être dans la vérité, c'est ne pas tenir à une opinion quelle qu'elle soit. Pour la plupart d'entre nous, être dans la vérité, c'est bien davantage faire la preuve de nos opinions que le contraire. Chacun de nous a atteint un degré seulement de sa conscience totale, et en cherchant à prouver que nous avons raison, nous ne faisons que nous illusionner. Comment pourrions-nous avoir raison si notre réalité est infiniment plus grande que celle que nous voudrions faire reconnaître aux autres ?

Si nous tentions d'immobiliser le mouvement naturel des astres, des atomes, ce serait le désastre et pourtant, à tout instant, nous essayons d'immobiliser nos idées pour les cristalliser en vérités. Nous nous détruisons sourdement. Ne recherchez pas l'admiration, ni l'approbation des autres parce que tout cela ne servirait qu'à vous prouver que vous avez raison. Ne cherchez pas à avoir raison, car dès lors vous commencez à avoir tort, en tant qu'individu ou que nation.

Nous n'avons pas une vision juste de la vie parce que nous tenons avant tout à démontrer que nous avons raison. Nous deviendrons des visionnaires seulement lorsque nous ne tiendrons plus à avoir raison. Nous serons alors devenu plus ouvert et nous manifesterons une plus grande intelligence.

Cependant, cette disposition exige un grand dépouillement car la vérité est une ouverture absolue. Dès que nous défendons un point de vue, et plus nous le défendons, nous devenons plus fermé, borné et rigide. Défendez votre vie, mais ne défendez aucun point de vue.

Celui qui a un esprit ouvert fait preuve d'une grande intelligence. Il affirme ses points de vue sans les défendre. Pour lui, la vérité n'est pas un point de vue, elle est l'ouverture que lui apporte cette vision des choses. Personne ne peut l'enfermer dans une idée quelconque parce que son attitude est une attitude d'ouverture.

Peu importe la vérité que nous cherchons, c'est dans le détachement que nous la trouverons. Toute conviction ne peut être vérité qu'à partir du moment où nous en sommes détaché, sinon elle est fermeture et aveuglement. Tout ce que nous faisons, tout ce que nous pensons, nous le faisons et le pensons dans le but de nous ouvrir à autre chose. Au lieu de défendre une idée, demandez-vous plutôt à quelle autre idée elle vous rend plus disponible. La plus grande valeur de nos points de vue réside dans le fait que nous pouvons les abandonner parce qu'ils nous ouvrent à autre chose. Plus nous sommes malheureux, plus il est probable que nous cherchions à avoir raison, sinon nous serions heureux. Nous sommes heureux de nous défaire de nos convictions et de nos valeurs. Si nous gardons en mémoire que ce ne sont pas nos idées qui procurent de l'espoir aux autres mais bien notre ouverture, nous ne chercherons plus à leur imposer nos opinions. L'espoir est une semence, elle n'est pas un enseignement.

Notre vérité ne se mesure pas à nos connaissances, mais à notre degré d'ouverture à toute connaissance. Notre ouverture est la vraie mesure de l'espoir que nous donnons aux autres. Si notre espoir est grand, nous sommes des personnes ayant un esprit ouvert.

Le bonheur

Nous cherchons le bonheur parce que nous sommes fait pour être heureux. Nous cherchons la joie parce que nous sommes fait pour être joyeux. Nous cherchons l'amour parce que nous sommes fait pour aimer. S'il nous est si difficile de vivre heureux, c'est que le bonheur est personnel.

Nous croyons que le bonheur est un état parfait et il l'est, mais nous en faisons quelque chose d'exceptionnel, nous ne l'attribuons qu'à certaines situations et à de rares occasions. Le bonheur n'est pas extraordinaire, il est tout à fait ordinaire. Il nous suffit souvent de perdre quelque chose ou quelqu'un pour nous rendre compte à quel point le bonheur que ceux-ci nous procuraient était ordinaire : le bonheur de marcher est terriblement ordinaire pour celui qui peut marcher ; le bonheur de se remémorer le passé est bien ordinaire pour celui qui se souvient. Le bonheur est ordinaire, c'est nous qui le considérons comme extraordinaire lorsque nous le retrouvons dans les choses et dans les êtres que nous avons perdus.

Nous nous faisons souvent une fausse idée de ce qui nous rendrait heureux. Notre bonheur répond à l'idée que nous nous en faisons. Si pour nous, le bonheur, c'est de régner sur le monde, notre seul et vrai bonheur sera de régner sur les autres. Si pour nous le bonheur est d'être aimé, cela sera notre seul et unique bonheur. L'idée que nous nous faisons du bonheur est une motivation extrêmement puissante qui nous pousse à le chercher là où nous pensons qu'il se cache…

Par conséquent, ce qui avait la responsabilité de nous rendre heureux devient souvent source de déception, de tourment. Le bonheur ne se présente pas toujours tel que nous l'attendions. Qui nous apporte le bonheur ? L'arbre peut-il nous rendre heureux ? Les fleurs ? Les oiseaux ? Les chats ? Les poissons ? Le soleil ? Tout dépend de l'intensité de notre attachement, de notre amour pour ces choses. Il en est de même pour les humains. Notre mari, notre femme, notre enfant, notre mère, notre père, nos amis, nos collègues, nos voisins… ne peuvent nous rendre heureux que dans la mesure où nous les aimons et peut-être proportionnellement à notre amour pour eux. Si nous aimons peu notre partenaire, il ne nous rendra pas très heureux.

Pour accepter cette idée, il faut que nous acceptions notre énorme responsabilité personnelle face à tout ce qui nous arrive et que nous acceptions l'interdépendance qui existe entre notre capacité d'aimer et notre bonheur.

La dépendance est faussement associée à l'amour. Nous pensons couramment qu'un être est dépendant lorsqu'il en aime un autre et qu'il lui montre son affection même si celle-ci ne lui est pas rendue. Or, cela est faux. Plus nous pouvons aimer les autres sans qu'ils nous aiment en retour et plus nous pouvons leur montrer librement notre affection, plus nous sommes un être indépendant.

Nous sommes dépendant quand nous recherchons le bonheur total auprès d'une seule personne ou auprès de tous. Nous créons alors une situation dans laquelle le bonheur ne peut venir que d'une seule source : de ces personnes chargées de nous rendre complètement heureux. Notre dépendance crée une situation dans laquelle tout le monde doit pourvoir à nos besoins. Nous sommes tyrannique et abusif. Notre bonheur doit d'abord venir de nous-même, il dépend de notre capacité d'aimer.

Quoique nous croyions que le bonheur vient d'abord des autres, nous avons beaucoup de difficultés à évaluer dans quelle mesure les autres contribuent à notre bonheur. Pourtant, ils y contribuent. Qui vous apporte par exemple le bonheur de ne pas être seul ? Qui vous apporte le bonheur de compter pour lui ? Qui vous apporte le bonheur d'être écouté, de rire, d'être touché, de comprendre, de changer les choses ? Qui vous apporte le bonheur d'« être » tout simplement ?

Le vrai bonheur, le bonheur profond est un état de gratitude et de contentement. Celui qui éprouve de la gratitude possède en lui-même tout ce qu'il apprécie. Notre ingratitude est si grande que nous vivons en n'ayant d'attrait que pour ce que les autres ont. L'ingratitude engendre l'avidité, l'envie, la jalousie, l'égoïsme et la compétition. Que pouvez-vous vraiment apporter à un être ingrat, avide, envieux et possessif ? Toujours peu. Toujours trop peu. Il ne serait heureux que s'il possédait ce qu'il n'a pas encore.

La gratitude est essentielle au bonheur. Remerciez-vous cent fois et vous serez cent fois heureux. Un être humble est un être qui remercie les choses et les êtres.

Aimer, c'est remercier. Sans gratitude, aucun bonheur n'est durable pour vous. C'est la gratitude qui vous permet d'aimer ce que vous possédez. Seuls ceux qui aiment les arbres et les fleurs peuvent vraiment les voir. Seuls ceux qui aiment les enfants les voient réellement. Seuls ceux qui aiment les femmes et les hommes les voient vraiment. Notre existence est donc notre œuvre. Nous sommes le créateur de notre vie et de notre bonheur, nous sommes notre propre guide. Même si nous refusons cette idée, nous n'y changeons rien car nous sommes toujours plus que nos propres idées, nos propres croyances, notre espoir, notre sympathie, notre amour : nous sommes notre vie. Il n'existe pas de différence entre notre vie et notre bonheur, seulement des degrés de compréhension de l'un et de l'autre. Notre bonheur vient de l'amour que nous éprouvons pour notre vie.

Ne croyez pas que votre intelligence soit une chose et que vous en soyez une autre. N'allez pas penser que votre amour est une chose et que vous en êtes une autre. Dans tout ce que vous faites, il n'y a que vous qui existiez en pensées, en paroles, en sentiments et en actions. Pour parvenir au bonheur, il faut comprendre cela, sinon la recherche du bonheur restera un état de perpétuelle agitation en vue d'atteindre désespérément l'occasion qui le susciterait.

Le bonheur est une disposition intérieure, mentale avant tout. Mettez de l'ordre dans vos idées. Vous séparez les choses : la vie d'un côté, vous de l'autre. Le temps d'un côté, vous de l'autre. Qu'arrive-t-il lorsque la mort vous surprend ? Vous êtes pris de court : « Je n'ai pas eu le temps de faire ceci, de faire cela. Je n'ai pas eu le temps de changer ceci, de changer cela. » Les regrets que vous aurez avant de mourir seront les désirs que vous aurez négligés au cours de votre vie. Si la mort vous surprenait en ce moment, qu'est-ce que vous n'auriez pas eu le temps de faire ?

Celui qui meurt en s'étant refusé le bonheur affronte le dénouement extrêmement douloureux de sa vie. Si nous refusons nos désirs, nos besoins, nos sentiments, nos rêves, nos pensées, nos actions, nous nous refusons le bonheur. Si nous nous refusons le bonheur, nous refusons la vie. Si nous renonçons à la vie, à la liberté, nous renonçons au bonheur.

Nous avons souvent l'impression que la vie n'est pas généreuse envers nous, qu'elle donne seulement à certains, et parfois ces êtres sont sordides. N'oublions pas que la vie donne selon ce que nous ne refusons pas. Si nous nous interdisons le désir d'être aimé, le désir de réussir, d'être en santé, nous refusons que la vie nous donne ces choses. La vie nous respecte, elle nous donne ce que nous voulons. Ce que le cœur veut, la vie le veut !

Le refus de soi entraîne le refus du bonheur, le refus de la joie, de la santé, du succès, de l'amour. La vie ne nous prive de rien ; c'est nous qui refusons ce qu'elle nous réserve. Certains d'entre nous déclarent fortement que « Dieu » est parfait mais, en même temps, ils ne sont heureux de rien et ils critiquent tout ; au fond, ce sont eux qui sont parfaits et non pas « Dieu ». Pour devenir heureux, il faut pouvoir pardonner à « Dieu » d'avoir créé les hommes et les femmes tels qu'ils sont, de ne pas intervenir dans nos guerres, nos famines et nos inégalités sociales et de ne pas se mêler de nos maladies et de nos difficultés. Si nous ne pouvons Lui pardonner, à qui pourrons-nous pardonner ?

Le bonheur d'être humain et de vivre l'essentiel doit-il toujours venir de nos drames ? Nombreux sont ceux qui ne retrouvent le bonheur de vivre que dans l'adversité. Cependant, le bonheur ne se cache pas toujours derrière la souffrance, à moins que ce soit là que nous le cherchions constamment... Même si c'est à travers leurs malheurs que la plupart des humains reçoivent de grandes leçons sur le bonheur, la meilleure façon d'être heureux, c'est à travers le bonheur d'être. D'ailleurs, se maîtriser soi-même, c'est rester heureux.

La sagesse

La sagesse est tout ce qui nous permet de choisir le meilleur, en nous-même et à l'extérieur de nous-même ; c'est une décision par laquelle nous choisissons le meilleur. Lorsque nous cherchons notre sagesse, c'est le meilleur de nous-même que nous cherchons. La sagesse n'a pas qu'une seule expression et elle peut être incompréhensible : elle est ce qu'il y a de meilleur en chacun. À quoi reconnaissons-nous la sagesse de quelqu'un d'autre, sinon à ce qu'il y a de meilleur en lui ?

Le meilleur d'autrui peut ne pas nous enthousiasmer ; nous pouvons même être porté à rejeter cet aspect de lui. Pour reconnaître et apprécier le meilleur d'une personne, nous devons accepter que le meilleur de l'autre ne soit pas nécessairement le meilleur de nous-même…

Nous devons voir en chacun ce qui est élevé en lui et penser que cet aspect de lui éclaire le reste de son existence. Si nous regardions les autres de cette manière, nous serions obligé de les percevoir différemment. Nous serions obligé de voir que ce qui est grand d'un être s'occupe sagement de tous les autres aspects de sa vie. Définissez le meilleur de vous-même : cet aspect de vous éclaire tout le reste de votre personne. Laissez-le vous éclairer.

Nous avons donc deux choix : ou nous développons le meilleur de nous-même, nos forces et nos qualités, ou nous nous acharnons à diminuer nos défauts et nos faiblesses. En choisissant de nous centrer sur le meilleur de nous-même, nous n'aurons pas à nous débarrasser de nos défauts par un effort volontaire. Peu d'entre nous choisissent de vivre uniquement avec et par le meilleur d'eux-mêmes.

Pouvons-nous développer tous les aspects de nous-même ? Probablement pas. Malgré de grands efforts, nous ne pouvons développer que le meilleur de nous-même. Plusieurs d'entre nous tentent de faire le contraire et s'acharnent à corriger leurs défauts et leurs faiblesses. Discernez le meilleur de vous-même et développez-le. Vivez pour le meilleur de vous-même ; ne vous préoccupez que de cela. Si vous vous sentez coupable d'affirmer ce que vous avez de meilleur, vous vous sentez coupable de vivre. Vous essayez de diminuer votre orgueil, votre peur, votre égoïsme, votre hostilité, et vous avez le sentiment de parvenir à de minces résultats. Ce n'est qu'en développant le meilleur de vous-même que vous arriverez à améliorer le reste : vos défauts et vos faiblesses. Le meilleur de vous-même, c'est ce sans quoi vous ne pourriez vivre… Si vous ne développez pas le meilleur de vous-même, c'est votre vie que vous ne développez pas.

Ne vous demandez donc pas comment vous devriez être, ne soyez que le meilleur de vous-même et de votre vie, sinon la sagesse sera pour vous quelque chose qu'on ne retrouve que dans les livres.

Conclusion

De quoi avons-nous besoin chaque jour, sinon de confiance ? Habituellement, là où il y a de la confiance, il y a de la joie et de la sérénité. Ce qui nous donne de l'élan nous donne de l'espoir. Toutes les sciences, tous les contacts humains, les liens que nous entretenons, nos études, nos réflexions, notre travail ont-ils d'autre but que de nous donner de l'espoir ?

Quand une situation est sans espoir ou qu'une personne n'a plus le moindre espoir, nous en sommes profondément touché. Nous supportons difficilement qu'une situation soit sans recours. Lorsque nous cherchons une solution à une difficulté, nous sommes motivé par notre besoin d'espoir. Si nous croyions en nous-même et en notre vie, nous agirions sur-le-champ car c'est l'action qui nous donne de l'espoir. Cependant, nous n'agissons que si nous écoutons notre cœur ; notre intellect ne fait que nous persuader de ne pas agir, d'attendre, de faire attention...

La confiance est la force de vivre et d'être heureux que nous donnent les êtres et les choses qui nous renvoient le reflet de la grandeur de notre existence. Ainsi, une parole, un regard, un sourire, une musique, un film ou un livre peuvent faire surgir l'espoir en nous, même dans les pires moments.

Tout ce qui donne de l'espoir nous rend humain et tout ce qui rend humain nous donne de l'espoir. Ce n'est pas la technologie avancée ni la science qui élèvent l'Homme, c'est son humanité, sa capacité d'aimer. La technologie et les sciences ne pourront apporter à l'Homme l'espoir dont il a besoin si elles ne s'inspirent pas davantage de sa conscience. Toutes les machines dont nous dépendons n'ont pas de conscience : elles sont sans espoir.

Pour conserver son humanité, chacun de nous doit atteindre un haut degré de détachement et d'humilité afin de partager ce qu'il est. À quel point partageons-nous ce que nous avons et ce que nous sommes avec les autres ? C'est ce que nous partageons qui nous rend humain. C'est ce que nous partageons qui nous donne de l'espoir. Si nous ne partageons pas, nous ne sommes pas libre et nous ne sommes pas « humain ». Combien d'êtres gardent pour eux-mêmes tout ce qu'ils sont et tout ce qu'ils ont, croyant qu'ils ont trop peu ou qu'ils manqueront de quelque chose s'ils partagent ! Tout ce que vous ne partagez pas vous rend inhumain, qu'il s'agisse de votre intelligence, de votre sagesse, de votre joie ou de votre richesse.

Si vous hésitez à partager votre intelligence ou votre bonheur, vous en profiterez bien peu vous-même. Il en va de même pour votre sagesse, votre santé et votre bonté. Lorsque vous partagez votre intelligence et votre joie de vivre, vous communiquez profondément et simplement avec ceux que vous rencontrez ; vous apportez des solutions aux problèmes de l'humanité ; vous voulez que chacun bénéficie de ce que vous avez. Bien des richesses et des talents vous rendent pauvre ; combien de gens riches ou talentueux sont pauvres de cœur et d'esprit, et sont très inhumains ! Ce que vous ne partagez pas appauvrit l'humanité, et ce dont vous privez l'humanité vous rendra encore plus pauvre de cœur et d'esprit. En partageant avec l'humanité, c'est avant tout l'espoir que vous partagez, car ce dont l'humanité a le plus besoin à l'heure actuelle, c'est d'espoir.

Nous cherchons chez les autres ce que nous ne cherchons pas en nous-même. L'affection, la compréhension ou le plaisir que nous recherchons chez les autres, nous les cherchons parce que nous ne les avons pas. Tout ce que nous espérons des autres, nous l'espérons parce que nous ne l'exigeons pas de nous-même. En agissant de la sorte, nous nous conduisons avec désespoir.

La pitié que nous offrons aux autres sous forme d'assistance et de dons ne sert bien souvent qu'à nous cacher de notre désespoir. Celui qui reçoit de la sorte prend de plein droit. Les organismes de charité oublient souvent que la pauvreté de plusieurs est avant tout une pauvreté de cœur. Celui qui donne est celui qui a de l'espoir. Ces pauvres de cœur, qui prennent comme si leur misère leur octroyait des droits et des privilèges, doivent être amenés à donner d'eux-mêmes en retour, sinon nous ne leur donnons pas confiance. Ce que nous leur apportons, ce sont des droits et des privilèges de pauvres qui les enferment fréquemment dans leur désespoir. C'est celui qui donne qui a de l'espoir ; celui qui prend apporte de l'espoir à celui qui donne. Les êtres passifs font peu confiance aux autres.

Qu'est-ce qui nous oblige à donner de nous-même, sinon notre intelligence, notre santé, notre force de caractère et notre lucidité ? Personne ne nous forcera jamais à donner de nous-même, à rendre à l'humanité ce qui pourrait contribuer à son développement. Personne ne nous forcera à comprendre les autres, personne ne nous obligera à aimer, personne ne nous condamnera si nous n'apportons pas de solutions aux problèmes du monde. La plupart des humains sont demeurés des enfants, ils attendent un Parent : le grand meneur d'Hommes, le Messie, le nouveau chef d'État. Les êtres passifs ne peuvent espérer qu'en quelqu'un d'autre.

Tant que nous mettons notre espoir entre les mains d'un autre que nous-même, nous sommes passif, nous ne procurons d'espoir qu'à ceux qui nous donnent. En étant passif, nous ne nous donnons pas de confiance et, en fin de compte, personne ne pourra nous en donner. La confiance vient à celui qui donne.

Si nous ne partageons pas avec les nôtres, avec nos voisins, nous ne sommes pas encore humain. Nous ne pouvons être humain et passif tout à la fois : être humain signifie être activement humain. Pouvez-vous être passivement humain ?

Estimons que tout dépend de nous. L'avancement des Hommes dépend du nôtre, la lucidité des Hommes dépend de la nôtre et le courage des Hommes dépend du nôtre. Considérons que l'amour des Hommes entre eux ne dépend que du nôtre, tout comme l'intelligence des Hommes dépend de la nôtre. Portons cette responsabilité et nous saurons porter l'Humanité. Nous saurons nous conduire en humain lorsque nous aurons pris conscience que ce dont l'humanité a besoin, c'est nous qui l'avons. Le seul espoir de l'humanité repose entièrement sur nous à chaque instant. Être bien dans sa vie est un but avant d'être une réalité. D'ailleurs, la simplicité du bonheur et du présent n'est pas évidente avant de l'avoir atteinte. C'est une fois heureux que nous réaliserons que le bonheur est pur. Notre choix sera sans équivoque : tout ce qui nous retire notre bonheur ne peut en faire partie. Alors seulement nous saurons que choisir le bonheur, c'est choisir d'être bien dans sa vie.

TABLE DES MATIÈRES

Cet ouvrage a été composé en Arno Pro 13/15,6
et achevé d'imprimer en juillet 2008 sur les presses
de Quebecor World Saint-Romuald, Canada.

Imprimé sur du papier Quebecor Enviro 100 % postconsommation,
traité sans chlore, accrédité Éco-Logo et fait à partir de biogaz.

certifié   procédé   100 % post-   archives   énergie
sans   consommation   permanentes   biogaz
chlore